ROLF SCHNEIDER
GÜNTER G.A. MARKLEIN

Die Schorfheide

IN DER MARK BRANDENBURG

1991

dbw Märkischer Kunst- und Heimatverlag

Inhaltsverzeichnis

Aus grauer Vorzeit - ein geschichtlicher Abriß

Geologen nehmen an, daß unsere Erde etwa fünf Milliarden Jahre alt ist. Funde, in den letzten Jahren in Ostafrika und Ungarn gemacht, weisen nach, daß die ersten Menschen vor etwa einer Million Jahre auftraten.

Schriftliche Zeugnisse der Vergangenheit gibt es für weniger mehr als fünf Jahrtausenden. Zahlen, deren Bedeutung wir uns in ihrer Größe kaum vorstellen können. Ein Vergleich mag das erläutern:

Betrachten wir die Zeit, für die uns schriftliche Quellen zur Verfügung stehen als eine Sekunde, dann würde die Zeit, die seit der Entstehung des Menschen vergangen ist, ungefähr 3 Minuten und 20 Sekunden ausmachen, die der Entstehung der Erde ca. 116 Tage. Dieser Vergleich läßt den Menschen wie einen Zwerg erscheinen - zeigt aber auch, wie sich der Entwicklungsprozeß beschleunigt hat, seit Menschen die Gesetze der Wirklichkeit erkennen und sie immer besser auszunutzen verstehen.

Die Geschichte der frühen Menschengruppen in unseren Gebieten ist mit dem Wechselspiel von Eiszeiten und Zwischeneiszeiten von etwa 600.000 Jahren eng verknüpft. Das Paläolithikum, die Altsteinzeit, das etwa mit dem 10. Jahrtausend vor Christus endet, ist auch die Zeit eines Wechsels von Kälteperioden, in denen Mitteleuropa von Skandinavien im Norden und von den Alpen im Süden bis auf eine schmale Zwischenzone mit kilometerhohen Gletschermassen bedeckt war, mit Jahrtausenden zeitweiliger Erwärmung, in denen sich auch in unseren Gebieten Lebewesen halten konnten.

Aus der ersten Zwischeneiszeit, etwa um 500.000 vor Christus, stammt der 1907 in Mauer bei Heidelberg gefundene Unterkiefer, der uns mit dem ersten, auf dem Boden Deutschlands lebenden Urmenschen bekannt macht.

Auf dem Boden Deutschlands haben nicht viel mehr als einige Hundert dieser Urmenschen gelebt. Der Neandertaler (1856 in Neandertal bei Düsseldorf gefundener Rest eines Urmenschen) war verhältnismäßig klein von Wuchs. 150 - 160 cm. Er lebte, wie Funde eines Rastplatzes in Weimar/ Ehringsdorf zeigen, in Horden von 20 Individuen und ernährte sich von dem Fleisch von Großsäugern wie Waldnashorn, Waldelefant, Bison, Bär, usw. Man nahm lange Zeit an, daß diese Großtiere in Fallgruben gefangen und dann erlegt worden waren; hält es aber heute für unwahrscheinlich, daß die kleinen Gruppen von Urmenschen derartig große Gruben ausheben und abdecken konnten.

Eher ist anzunehmen, daß diese Tiere ursprünglich von Raubtieren getötet worden waren und die Urmenschen dann Hyänen, Schakale und Aasgeier von den Kadavern vertrieben. Das würde auch erklären, warum es für diese Zeit keine Funde von eigentlichen Angriffswaffen gegen große und teilweise gefährliche Tiere gibt.

Gegen Ende der Eiszeit erfolgte der Übergang zur mittleren Steinzeit. Klima und Landschaftscharakter näherten sich - freilich mit großen Schwankungen dem aus historischer Zeit bekannten Zustand. Nordeuropa wurde vom Eis befreit und Hebungen und Senkungen des Landes führten zur Entstehung jenes Bildes von Meer und Land unseres Kontinents, wie wir es heute vorfinden. Mit der Verbesserung des Klimas entwickelten sich dichte Wälder, die im Norden noch über die heutigen Verbreitungsgrenzen hinausdrangen. In diesen Wäldern gingen die Menschengruppen des Mesolithikums auf Jagd,

lernten den Fischfang an den Gewässern und sammelten Muscheln und Wildfrüchte.

An der Stelle der wandernden Horden der Altsteinzeit trat allmählich die Gens (Sippe), die in Höhlen oder auf Freilandwohnplätzen mehr oder weniger stationär lebten. Auf dem Gebiet östlich der Elbe ist der wichtigste Fundplatz für diese Zeit Hohen Viecheln im Kreis Wismar, wo bei Ausgrabungen in den Jahren 1953 - 1955 2 Wohnplätze mit mehreren tausend Werkzeugen aus Stein, Geweih, Knochen und Holz entdeckt wurden.

Der Übergang zu Feldbau und Viehhaltung im Neolithikum geschah etwa im 5. - 3. Jahrtausend. Eine solche jungsteinzeitliche Siedlung ist 1957 südlich von Leipzig in Zwenkau/Harth ausgegraben worden. Sie zeigt Reste von Häusern, es handelt sich dabei um rechteckige Pfostenhäuser mit drei parallelen Reihen von Innenpfosten.

Der Höhepunkt der Urgemeinschaft wurde überschritten, als eine neue technische Errungenschaft auftrat, die Metallurgie. Die älteste Stufe, die Bronzezeit, beginnt in unseren Gebieten im 17./16. Jahrhundert v. Chr. Das Königsgrab von Seddin (Kreis Perleberg), etwa 1000 v. Chr. entstanden, ein Hünengrab, gibt Aufschluß.

Bronzegegenstände spielen aber keine große Rolle, da Kupfer und Zinn, aus denen dieses Metall legiert wird, nur an einzelnen Orten auftreten. Deshalb ist der Übergang zur Verhüttung von Eisenerzen und die Verwendung des Eisens bei der Geräte- und Waffenherstellung ein wichtiger Meilenstein in der Entwicklung der Produktivkräfte.

Von Kleinasien aus gelangten die neuen Kenntnisse etwa um 700 v. Chr. in unseren Raum. Zur gleichen Zeit entstanden auch die ethnischen Gruppierungen, die mit einer sprachlichen Abgrenzung einzelner Stämme verbunden war.

Wohl im 4. und 3. Jahrhundert v. Chr. vollzog sich die Herausbildung der Stämme, die die Römer als Germanen bezeichneten. Germanische Stämme siedelten in größeren Gebieten Südskandinaviens und Mitteleuropas zunächst nördlich der Mittelgebirge, dann auch südlich davon. Aus den bisher geschilderten Entwicklungsetappen sind uns in unserer engeren Heimat keine Funde bekannt geworden.

Am Ende des 1. Jahrhunderts n. Chr. veränderten sich - im Vergleich zu den Zeiten Cäsars - Wirtschaft und soziale Ordnung der Germanen wesentlich. Sie wurden endgültig seßhafte Ackerbauern, obwohl sie ihren Lebensunterhalt noch vorwiegend durch Viehzucht bestritten. An Stelle von Hütten bauten sie Blockhäuser oder Steinhäuser mit Ziegeln gedeckt. Die Jagd verlor ihre frühere Bedeutung. Die Gentilgemeinschaft, die zu Cäsars Zeiten gemeinsam den Boden bearbeitet hatte, löste sich zu Großfamilien auf.

Der Stamm der Semnonen, zu den Goten gehörend und um 200 v.Chr. eingewandert, bewohnte unsere Heimat. Die Zweifelderwirtschaft herrschte. Weiden, Anger und andere Landstriche waren Gemeinbesitz, oft mehrerer Dörfer. Wenig ist uns aus dieser Zeit erhalten geblieben; die Germanen hatten noch keine Schrift. Ihre Gesellschaftsordnung ist uns nur aus Werken römischer Schriftsteller und auf Grund archäologischer Funde bekannt geworden, wie z.B. „Germania“ von Tacitus aus dem Jahre 98 v.Chr.

Die Wohnsitze der Germanen vor der Völkerwanderung (etwa um 400) sind zwar in ihren wesentlichen Ausdehnungen bekannt, aber nicht mehr lokal zu präzisieren. Das Gebiet der heutigen Schorfheide ist zu suchen im Grenzland zwischen den Warnern oder Varinern, Rugiern und Angeln. Die ersten entstammten den Goten, zu denen die im Bereich der mittleren Oder wohnenden, später nach Nordafrika ausgewanderten Vandalen, zählten. Die letzteren zählten zu den friesisch/sächsischen Langobarden im Westen.

Am Ende des 4. Jahrhunderts beginnt die „Große Völkerwanderung". Mehrere Ursachen führten dazu. Die Entwicklung der Produktivkräfte ging unterschiedlich vonstatten. Die Macht der Stammesführer nahm zu, die Gefolgschaften erlangten eine größere Bedeutung. Der Stammesadel stand im Mittelpunkt des Geschehens. Er wollte Ländereien erobern. Es kam zu ununterbrochenen Kriegszügen gegen das schwache Römische Reich. Sicherlich spielten ein starker Bevölkerungszuwachs, der Druck ihrer Nachbarn im Osten eine weitere Rolle bei der Wanderung in Richtung Westen, Norden und Süden. Die Auszüge der Germanen haben wir uns vorzustellen als Wanderung ganzer Völker, die unterwegs waren mit Weib und Kind und Gut. Alles Vieh wurde mitgetrieben. Der Hausrat war auf Wagen verstaut. Am Tage ein Kriegsmarsch, in der Nacht eine Wagenburg. Hunger, Waffengeplänkel und Krankheit raffen viele dahin. Kein Wunder, daß während der langen Wanderzeit ganze Völkerstämme oft spurlos verschwanden. Unter diesen Umständen ist es nicht verwunderlich, daß uns nicht bis ins Detail das Schicksal der Variner, Rugier oder wie sie sonst noch heißen mögen, bekannt ist. Ob es je beantwortet werden kann?

Im nachfolgenden sechsten Jahrhundert begann die Westwanderung der Slawen in das durch den Abzug germanischer Stämme in der "Großen Völkerwanderung" weitgehend von Menschen entblößte Gebiet, bis zur Elbe-Saale-Linie. Von ihren Sitzen am Bug, an der Wisla und am Dnepr zogen sie in Richtung Westen und besiedelten auch unsere engere Heimat. Die Liutitzen, ein Stamm der Ostseeslawen, wurden hier ansässig. Brandenburg (Sitz der Heveller) und Rethra (Sitz der Liutitzenstämme) sind slawische Siedlungen. Die slawische Bevölkerung lebte von Ackerbau und Viehzucht. Sie siedelte überwiegend in und an Niederungen, am Rande von Seen sowie auf den zahlreichen Inseln und nutzte die fischreichen Gewässer zum Nahrungserwerb. Die handwerkliche Produktion erreichte ein hohes Niveau, und die verschiedenen, aus zerhackten Silbermünzen und Schmucksachen bestehenden Schatzfunde, zeugen von dem ausgedehnten Handel.

Die slawischen Siedlungen lagen in der Regel in der Umgebung einer Burg. Hier war das Handwerk konzentriert, es wurden Märkte abgehalten und Streitigkeiten beigelegt. In Kriegszeiten und bei Gefahr suchten die Bewohner aus den umliegenden Siedlungen in den mit Holz-Erde-Wällen befestigten Anlagen Schutz. Die Burgen sind überwiegend in schwer zugänglichen Wiesen- und Moorgeländen, auf Inseln, an Seen und Flüssen errichtet worden.

In der Prignitz saßen die Brizaner, die Ukrer in der Uckermark und die Heveller im Teltow, im Barnim und an der Havel.

Ob auf der Grenzlinie Liebenwalde-Groß-Schönebeck Heveller saßen oder Ukrer, ist nicht gewiß. Wahrscheinlich aber Ukrer. Nach Bergmann und Böttger waren in Groß-Schönebeck schon die Heveller.

Die gewaltigste Buche im Revier

Bei den germanischen Völkerschaften hatte sich in einem komplizierten Prozeß inzwischen die feudale Ordnung herausgebildet. Vorherrschender Produktionszweig war die Landwirtschaft, in der die Dreifelderwirtschaft (Wintergetreide, Sommergetreide, Brache) die Zweifelderwirtschaft (Anbau, Brache), die ungeregelte Feldgraswirtschaft ablöste. Man produzierte für den Eigenbedarf, Geld war kaum vorhanden, es handelte sich also um eine Naturalwirtschaft. Es gab einen Fernhandel über weitere Strecken. Unter

Hoch hinauf ragen die Zweige zu einem Blätterdom

Karl dem Großen (um 800), Heinrich I. und Otto I. setzen Kriegszüge in Richtung Osten, in das Gebiet zwischen Elbe und Oder ein. Die getätigten Eroberungen waren aber nur zeitweilig und brachten nicht den gewünschten Erfolg. Die sich verteidigenden Slawen vertrieben im umfassenden Slawenaufstand 983 die eindringenden Heere.

Die Bistümer Havelberg (gegr. 946) und Brandenburg hatten keine Bedeutung mehr. Inwieweit die Slawen unserer näheren Heimat, die Ukrer, an diesem gewaltigen Aufstand teilgenommen haben, geht aus Quellen nicht hervor. Man darf aber annehmen, daß Krieger dieser slawischen Adligen beteiligt waren.

Für eineinhalb Jahrhunderte scheiterten die weiteren Angriffe und die Slawen behielten zeitweilig ihre Unabhängigkeit.

Etwa zur gleichen Zeit, als das Papsttum zum Kreuzzug in den Vorderen Orient aufrief, nahmen die deutschen Feudalherren, die durch den Slawenaufstand 983 einen schweren Rückschlag erlitten hatten, nun ihre Eroberungszüge nach Osten wieder auf. Die Expansion hatte aber eine andere Zielstellung bekommen; es ging nicht mehr nur um Geld und Tribute, sondern für diese neue Etappe war vielmehr charakteristisch, daß der Adel neues Land im Osten gewinnen wollte, um hier selbständige, vom Königtum mehr oder minder unabhängige Territorialherrschaften zu gründen.

An der Expansion des 12. und 13. Jahrhunderts haben sich zum Unterschied von ähnlichen Versuchen in früheren Jahrhunderten, jetzt auch Bauern, Handwerker und Kaufleute beteiligt.

Den Zeitpunkt des Angriffs der deutschen Feudalherren, mit rein militärischer Gewalt die Mark Brandenburg zu unterwerfen, können wir um 1134 festlegen. 1134 wird Albrecht von Ballenstedt, Albrecht I., genannt Albrecht der Bär, von Kaiser Lothar mit der Nordmark belehnt und fungiert als Markgraf über ein Gebiet, das im Osten, abgesehen von dem Winkel bei Havelberg noch nicht über die Elbe hinausreicht, die Burgen Salzwedel, Tangermünde, Arneburg und Werben (alles Grenzfestungen gegen die Slawen und ihrer weiteren Unterdrückung) umfassend.

Albrecht läßt in seiner gesamten Regierungszeit (1134-1170) nichts unversucht, um von hier aus in Richtung Südosten Land zu gewinnen. 1136 erobert er die Prignitz. 1147 ruft der französische Mönch Bernhard von Clairvaux zu einem zweiten großen Feldzug gegen alle Ungläubigen auf. Ein Teil der westeuropäischen Ritter zog nach Palästina. Ein anderer Teil, vor allem Sachsen und Dänen, versammelte sich an der Elbe und brach in das Land der Obodriten ein. In der Geschichtsschreibung wurde dieser Zug Wendenkreuzzug genannt. Dem Obodritenfürst Niklot gelingt es, das etwa 60.000 Mann zählende Heer der Kreuzfahrer zu besiegen und zur Umkehr zu zwingen. Auch Albrecht der Bär nahm an diesem Kreuzzug mit seinen Rittern teil, kann aber keine wesentlichen Eroberungen machen.

1150 gelangt er in den Besitz der Mittelmark (Brandenburg). Otto I. (1170-1184), Otto II. (1184-1205) und Albrecht II. (1205-1220) treten in den Urkunden kaum auf. Die geplanten Eroberungen scheitern an dem Widerstand der im Barnim und Teltow lebenden Slawen.

Albrecht II. bereitete aber durch den Bau von Burgen die Eroberung des Barnim oder der Berliner Kreise vor. 1211 bereits ist Zehdenick in seiner Hand. Von hier aus schob er die Burgen gegen den Barnim, welche den großen Werbellinwald zur Deckung hatten. Es sind dies Liebenwalde, Schönebeck, Breten oder Breden, Eberswalde, Niederfinow und Oderberg. Dies geschah bis 1215. Einen gewissen Vorposten stellte dabei das Vogteischloß Biesenthal dar. Inwieweit andere Gründungen in diese Zeit hinein zu verlegen sind, ist urkundenmäßig nicht belegt (z.B. Werbellin und Grimnitz). Betrachtet man die Kette dieser Burgen, so liegen beide als Glieder im Bereich des Möglichen.

Die Söhne Albrechts II., Johann I. (1220-1266) und Otto III. (1220-1267) erwerben vom Herzog Barnim I. 1222 den Barnim und den Teltow.

In Brandenburg herrscht um diese Zeit der Liutitzenfürst Pribislaw, der von den Prämonstratensern getauft worden war und sich seitdem Heinrich nannte. Er hatte bereits Otto, einem Sohn Albrechts, ein ansehnliches Landgebiet, die Zauche, als Patengeschenk zugeeignet. 1150 nach dem Tode Pribislaws-Heinrich erbt Albrecht der Bär das gesamte Land und nennt sich ab jetzt Markgraf von Brandenburg. Die Menschen ließen sich aber nicht einfach mitvererben und der polnische Knäs Jaezo von Köpenick übernimmt das Gebiet. 1157 wird es endgültig zurückerobert. Damit ist das Havelland in den Händen der Askanier.

Die Askanier sind ein Grafengeschlecht aus Anhalt mit Hauptsitz Aschersleben, latinisierend Askanier genannt.

Mit der Wiedereinnahme der Burg Brandenburg am 11.6.1155 beginnt die Geburtsstunde der Mark Brandenburg. Albrecht der Bär, der sich bislang nur Markgraf nannte, nahm zusammen mit seinem Sohn Otto den Titel „Markgraf von Brandenburg“ an.

Fast 200 Jahre dauerte die Herrschaft der Askanier. Eine neue Siedlungspolitik, Städtegründungen und christliche Missionierung veränderten das Bild des Landes. Bauern, Handwerker und Kaufleute aus den Gebieten am Rhein, Westfalen, Friesland und aus Flandern siedelten gemeinsam mit einheimischen Slawen oft in einem Dorf. Nicht weniger als 2.500 Dörfer entstanden während der Regierungszeit der Askanier. Die ethnische Verschmelzung, die um 1100 einsetzte und im 14. u. 15. Jahrhundert beendet war, zeigt noch heute Auswirkungen. In abgelegenen Gebieten hielt sich der Gebrauch der slawischen Sprache noch lange. Zahllose Orts-, Flur-, Gewässer- und Landschaftsnamen lassen bis heute slawische Herkunft erkennen. Sie enden in vielen Fällen auf -ik, -itz, -in oder -ow (z.B. Grimnitz, Werbellin, Golzow, Ihlow, Jatznik u.a.).

1319/20 sterben die Askanier aus, 1319 stirbt Waldemar der Große, 1320 sein Sohn. Zunächst folgen die Wittelsbacher, später die Luxemburger. Beide betrachten die Mark aber nur als fernen Besitz. Raubritter machen es ihnen schwer.

Erst mit der Belehnung des Nürnberger Burggrafen Friedrich von Hohenzollern mit der Mark Brandenburg und der damit verbundenen Kurwürde im Jahre 1417 durch den Kaiser Sigismund begann das Land wieder aufzublühen. Die Hohenzollern regierten über 500 Jahre, fast 21 Generationen, als Kurfürsten von Brandenburg, seit 1701 als Könige in und von Preußen und seit 1871 als deutsche Kaiser über unsere Heimat. Der schwarze preußische Adler beherrschte den roten brandenburgischen.

Die Schorfheide – Aus der Geschichte

Unter Schorfheide versteht man heute das große Waldgebiet nördlich von Berlin, welches eingegrenzt wird durch die Punkte Zehdenick, Autobahn Berlin-Prenzlau, Finow-Kanal und im Norden durch die Uckermark. Als „engere Schorfheide“ wird nur ein Waldteil nördlich von Hubertusstock bezeichnet. Für die Erklärung des Namens „Schorfheide“ gibt es mehrere Versionen. Die erste besagt, Schorfheide sei abgeleitet vom norddeutschen Wort „schoof“, das soviel wie Schaf bedeutet. Die umliegenden Dörfer hatten lange Zeit ihre Schafe in der Heide weiden lassen. Im Zuge der Lautverschiebung habe sich dann ein „r“ eingeschoben. Aus „Schoofheide“ wurde Schorfheide. Da die Schorfheide ursprünglich viele Eichenbestände hatte, und „schorfen“ oder „schürfen“ - Eichen sammeln - heißt, könnte dies als 2. Version gelten. Andere Historiker führen den Namen auf die „unberührte Heide“ zurück. Hergeleitet von der Tatsache, daß die Heide kaum im Inneren besiedelt war.

Vielleicht wird Schorfheide aber auch in Verbindung mit Einschnitt, Geländefalte zu bringen sein. Im rheinischen Sprachraum findet man für diese Begriffe das Wort „Schorf“ in einigen Flur- und Feldnamen.

Als letzte Möglichkeit sei noch darauf hingewiesen, daß „Schorf“ auch „rauhe Rinde, Grind“ heißen kann; und mit dem Begriff „Schorfheide“ auf die öden Blößen, die zweifelsohne in der Heide zu finden sind, hingewiesen wird.

Es bleibt dem Leser überlassen, sich einer Version anzuschließen.

Sind sie die Namensgeber? Schafheide, Schoofheyde, Schorfheide

Sanddüne – ein sonniger Platz für die Wildtiere

In vielen Urkunden wird die „Schorfheide“ erwähnt. Das Landbuch Karls IV. nennt bereits 1375 die „Verbellin“ Heide als landesherrlichen Besitz. Nicolaus Leutinger schreibt 1592 in „Scriptorum des rebus Brandenburgensis“ „Et Gardelegeniesis quidem, in antiqua Semnonuum atque Langobardum sede trans Albium, prima vulgo censetur; sed nobilior creditur Grimnitiensis, septimento illam prealto novem miliarium in frandem nobilitatis Ucarie ab Havelo ad Viadrum usque aquitonem versus instar muri complectente“. Das heißt: „Die Gardenlegensche Heide im alten Sitze der Semnonen und Langobarden wird gewöhnlich für die erste gehalten, edler jedoch ist die Grimnitzsche, die mit einem sieben Meilen langen, sehr hohen Zaun von der Havel bis an die Oder wie von einer Mauer umgeben ist, zum Nachteil des Uckermärkischen Adels. (Die ehemalige Gardenlegische Heide heißt heute Letzlinger Heide, d. Verfasser).

Diese „Grimnitzsche Heide“ heißt später „magna merica werbellin“, die „große Werbellinsche Heide“. Diese Bezeichnung gerät aber bald in Vergessenheit, und immer häufiger taucht der Name „Schorfheide“ auf. 1713, datiert vom 17. April, in Grimnitz ausgestellt, eine „Arbeitsrechnung von den neu gemachten Eichelkamp auf der Schorff-Heyde, so besteht im Quadrat der Breite und Länge 800 Schrid und was selbiger gekostet!“

1767 erscheint die wohl erste Revierkarte des Forstamtes Grimnitz, sie nennt den südwestlichen Teil der „Grossen Werbellin Heyde“ „Eich- oder sogenannte Schorff-Heyde“. In der Zeitschrift: „Magazin im Gebiet der Jägerei“ aus dem Jahre 1840 wird die Schorfheide als ein „kleiner Teil eines bedeutenden Forstreviers in der Mark Brandenburg“ bezeichnet.

1847/49 wurde dann das Jagdhaus „Hubertusstock“ im „Belauf der Schorfheide“ durch König Friedrich Wilhelm IV. errichtet. Von jetzt an ist der Name vielen Menschen geläufig.

Hubertusstock zur Kaiserzeit

Wer die Wälder um den Werbellinsee durchstreift und in der Lüneburger Heide war, fragt sich, wo ist denn hier die Heide? Eine Antwort darauf ist schwer. In alten Urkunden wird die Werbellin'sche Heide nicht mit „silva“, der Wald, sondern mit „merica“ bezeichnet. Der Historiker Klöden wagt eine Erklärung: „Das Wort Heide bezeichnet im nordöstlichen Deutschland einen Wald, den man durch ein hinzugefügtes Wort auch näher bestimmte, als Kiefernheide, Birkenheide, Hasenheide oder Pirschheide. Im westlichen Deutschland bezeichnet man mit dem Wort Heide eine mit Heidekraut bewachsene Gegend. Das Heidekraut heißt lateinisch „erica“.

Als die Urkundenabfasser im Mittelalter das märkische Wort Heide lateinisch ausdrücken sollten, scheinen sie „silva“ nur für Laubwald geeignet zu haben. Heide bezeichnet ihnen aber den Kiefernwald und dafür mußten sie ein lateinisches Wort finden. In diesem Falle verfuhr man immer so, daß das lateinische Wort durch eine Ideenverbindung an das deutsche gleichlautende, wenn auch nicht immer gleichbedeutende Wort erinnerte. Da die Heide „erica“ hieß, brauchte man nur ein Wort zu bilden, worin dieser Name erschien; um auch den zweiten Begriff von Heide auf eine jedem verständliche Weise zu bezeichnen, der beide Ausdrücke kannte. So entstand für Kiefernwald - Kiefernheide das Wort „merica“.

Berghaus meint: *„Das sehr alte Wort Heide wird nur im nordöstlichen Deutschland für Wald gebraucht, während es im westlichen Deutschland die nicht bebauten, mit Heidekraut bewachsenen Flächen bezeichnet. Ursprünglich bedeutet es den Gegensatz von Stadt und Land.“*

Rehbock im Bast

Die Burg Grimnitz-Gründung, Aussehen und Verfall

1884 schreibt Trinius in seinem Buch „Märkische Streifzüge“: „Grimnitz ist mit Joachimsthal eng verbunden. Wo Grimnitz aufhört, fängt Joachimsthal an und so auch umgekehrt.“ Ein alter Grimnitzer sagte schon damals: „Dat oll Slott? O, de oll Mur? Aewers Se warden man nich väl mihr sehn. Man blot groote Steen, dei se hebben liegen loaten. Vör Joahren, doa stunn noch väll, äwers dat’s all hen.“

Wie wahr, auch heute ist nicht mehr viel zu sehen von der Burg Grimnitz; dennoch sollten wir uns die als Baudenkmal ausgewiesene näher ansehen.

Burgruine Grimnitz

Verlag Otto Bronnowsky, Joachimsthal (Uckermark).

1297, 1298 und 1299 tauchen erstmals Urkunden auf, die datiert und signiert sind mit den Worten „supra Grimenitz oder zur Grimnitz oder super Grimnitz“. Am 7.12.1297 überlassen Otto, Konrad, Heinrich und Johann dem Kloster Marienwalde das Dorf Mensdorf. Am 6.12.1298 belehnen Otto, Konrad und Johann Johann Block mit Blocksdorf.

Am 17.6.1299 verkaufen die Markgrafen Otto und Konrad der Stadt Zehdenick die Holzstätte und die Hälfte des Sees.

Mit der bloßen Erwähnung und Datierung der Urkunden ist die Frage nach dem Entstehungsjahr noch nicht beantwortet. Aus verschiedenen Gründen kann man mit Recht das Jahr 1247 als Gründungsjahr betrachten.

In den vorhandenen Forschungsunterlagen, betreffens der Gründung der Burg Grimnitz, gehen die Meinungen auseinander. So spricht z.B. Hermann Steeger davon, daß Grimnitz bereits zu der Kette von Burganlagen gehörte, die Albrecht II. von Zehdenick aus den Jahren 1211-1215 angelegt hatte.

Ossenwerder – Blick auf den Grimnitzsee mit Insel

Dagegen spricht aber die Tatsache, daß Grimnitz zu weit nördlich lag, um als Ausgangsbasis für beabsichtigte Unterwerfungen im Barnim zu dienen. Außerdem ist es unwahrscheinlich, auf Grund fehlender Arbeitskräfte und Fachspezialisten für den Burgbau, daß innerhalb von 4 Jahren 9 Burgen angelegt werden konnten (Liebenwalde, Schönebeck, Breden, Werbellin, Eberswalde, Niederfinow, Oderberg, Biesenthal und Grimnitz). Sehr wahrscheinlich ist daher das Jahr 1247 als Baujahr anzunehmen. In Vorbereitung der Eroberung der Uckermark ließ Johann I. (1220-1266), der zusammen mit seinem Bruder Otto III. (1220-1267) regierte, diese Feste bauen. 1250 werden die Ukrer unterworfen, die Uckermark kommt zu Brandenburg.

Zunächst diente die Burganlage als Ausgangsposition für Eroberungen im Nordosten (Uckermark). Nach diesen Kriegszügen verlor die Burg aber ihre ursprüngliche Bedeutung und Aufgabe. Da sie aber prächtig gebaut, umgeben von Mauern und Gräben war, inmitten der großen Wälder mit ihren reichen Wildbeständen lag, wurde sie zum bevorzugten Aufenthaltsort der Askanier in der Mark Brandenburg. Eine Jagdbehausung mit burgähnlichem Charakter ist sie bis Ende des 17. Jahrhunderts geblieben.

Der Historiker Robert Mielke schreibt dazu in der Zeitschrift „der Burgwart“, Jahrgang 16, 1915, Nr. 4, Seite 69:

„Burg Grimnitz ist das Hoflager des Markgrafenpaares Otto IV. und seiner Frau gewesen. Hier ist auch die Stätte der vielen Turniere zu suchen, die weit über Brandenburgs Grenzen berühmt waren.“

Der Heimatdichter Brunold geht in seinen Vermutungen so weit, daß er Burg Grimnitz für den Hintergrund eines Bildes aus der Manesseschen Sammlung der Minnesänger hält. Es zeigt den Markgrafen Otto IV. mit seiner Gemahlin Heilwig beim Schach, umgeben von Spielleuten und Sängern.

Die Urkunden geben zu dieser Behauptung zwar keinen Anlaß, man kann aber mit Recht annehmen, daß auf diesem Jagdsitz gesungen, gespielt und getanzt, ja sogar Turniere abgehalten wurden. Sie waren ein Ausdruck der Stärke der askanischen Markgrafen.

Sehr oft müssen die Markgrafen von Brandenburg hier Verträge beurkundet oder Belehrungen ausgeschrieben haben. Die Vielzahl der gefundenen schriftlichen Zeugnisse lassen diese Deutung zu.

Urkunden, die auf Burg Grimnitz unter den Askaniern datiert sind:

1.	7.12.1297	supra Grimnitz (Otto, Konrad, Heinrich und Johann überlassen dem Kloster Marienwald das Dorf Mensdorf)
2.	6.12.1298	zu Grimenitz (Otto, Konrad und Johann belehnen Johann Block mit Blocksdorf)
3.	17. Juni 1299	super Grimnitz (Otto und Konrad verkaufen Güter an die Stadt Zehdenick)
4.	9.10.1301	in Grimnitz (Otto und Konrad bestätigen Chorin-Oderberg Tausch)
5.	28.3.1303	Grimmennice (Otto, Konrad und Johann nehmen das Kloster Bernstein in ihren Besitz)
6.	30.8.1304	Grimnitz (Otto, Johann und Waldemar belehnen die von Cottbus)
7.	13.12.1304	Grimnitz (Bautzener Urkunde)
8.	16.12.1304	in Grimnitz, castello nostro (Chorin bekommt die Heide von Niederfinow)
9.	27.1.1307	Grimmeniz in curia (Verkaufsurkunde von Markgraf Waldemar)
10.	27.3.1314	Huldigungsurkunde zu Chrimniz für Barnim von Stettin

Nach dem Tode der Brüder Johann I. und Otto III. übernimmt Otto IV., mit dem Pfeile (1266-1307) die Herrschaft. Sein Lieblingsaufenthalt dürfte Grimnitz gewesen sein.

Die Rivalitäten zwischen den Markgrafen von Brandenburg und des Erzbistums zu Magdeburg erreichen unter ihm einen Höhepunkt, aber auch einen vorläufigen Abschluß. Otto mit dem Pfeil, auch als Verfasser von Minneliedern bekannt, wurde in einem Gefecht bei Frohse, das von der Sage ausgeschmückt und auch dichterisch behandelt worden ist, 1278 von dem Erzbischof gefangen genommen und nur gegen ein hohes Lösegeld wieder freigelassen.

1279 stand er schon wieder im Kampf gegen den Erzbischof und wird bei Stansfurt am Kopf durch einen Pfeil verwundet, dessen Spitze in der Wunde steckte und lange nicht entfernt werden konnte; daher auch sein Beiname. 1283 gelingt es ihm jedoch, seinen jüngeren Bruder Erich, der in Grimnitz lebte, als Erzbischof von Magdeburg einzusetzen. Otto IV. stirbt 1308 und wird im Kloster Chorin begraben.

Sein Nachfolger Waldemar (1303-1319) ist wohl nur in den Anfängen seiner Regierungszeit hier in Grimnitz gewesen.

Ab 1314, nachdem man seinen Kanzler Nikolaus von Buch im heute noch erkennbaren Hungerturm schmachten ließ, war dieser Ort ihm unheimlich, und er zog sich auf die Burg Werbellin zurück.

Infolge der Uneinigkeit der Fürsten bei der Kaiserwahl 1314 kommt es zu einer Doppelwahl.

Teilansicht von Grimnitzsee und Joachimsthal

Friedrich der Schöne von Österreich (1314-1330) wird gewählt von Rudolf von der Pfalz, Heinrich von Köln, Heinrich von Kernten, Rudolf von Sachsen Wittenberg (in Sachsenhausen) und vom Erzbischof von Köln in Bonn zum Kaiser gekrönt.

Ludwig der Bayer (1314-1347) erhält die Stimmen von Peter Aspelt von Mainz, Balduin von Trier, Johann von Böhmen, Waldemar von Brandenburg (vertreten durch den Kanzler von Buch) und von Johann von Sachsen-Lauenburg in Frankfurt. Er wird in Aachen vom Erzbischof zu Mainz zum Kaiser gekrönt.

Waldemar, der über seinen Kanzler enttäuscht war, weil er die Stimme dem Wittelsbacher Ludwig dem Bayern gegeben hatte, ließ ihn in den Turm sperren und verhungern.

Am 14. August 1319 stirbt Waldemar in Bärwalde, er wird in Chorin begraben. Als 1320 sein minderjähriger Vetter Heinrich von Landsberg stirbt, sind die Askanier in Brandenburg ausgestorben.

Die Burg Grimnitz gerät damit für einige Zeit in Vergessenheit. Es gibt kaum Zeugnisse aus dieser Zeit.

1317 treffen sich zwar noch einmal die Pommernherzöge, um ihre Lehnsuntertänigkeit zu bekunden, die aber vorläufig letzte Urkunde stammt dann aus dem Jahre 1340, als die Wittelsbacher Barnim von Stettin huldigen. Im Städte- und Landbuch Karl IV. ist zwar der Grimnitzsee, nicht aber mehr die Burg erwähnt.

1516, berichtet D. Riedel, ist die Burg noch intakt und mit Kartaunenbüchsen bewehrt.

In all den vorhandenen Schriftstücken finden wir aber keine Antwort auf die Frage: „Wie hat die Burg Grimnitz denn nun ausgesehen?"

Die ersten genaueren Auskünfte stammen aus dem Erbregister des Amtes Liebenwalde vom Jahre 1598. Dort heißt es: *„Grimnitz ist ein Jagdhaus und gehöret unserem Gnädigsten Herrn, dem Churfürsten zu Brandenburg pp. Das Schloss ist mit einem Graben umgeben und vorm Thore mit einer Zugbrücke verwahret. Item vorm Schloss steht ein neuer Marstall und vor demselben eine ziemliche grosse Hoff-Stube und oben etliche Gemächer alles nach Besage des Inventarie. Item noch ein Kutscherstall und ein Waschhauss. Ein Hauss, darin der Gärtner wohnt, und hinter demselben ein Pferdestall, neben des Gärtnershaus noch ein Stall für 10 Pferde. Ein Hauss, welches der Hauptmann zu Chorin aus dem Ambte dasselbst gebannet, das stehet auf Jürgen Thiedens Hoffstätte und ist dem armen Mann, wegen der Stätte kein Abtrag geschehen. Daneben ein Schmiedefeuerhaus".*

Die Maße der Burg, so wie sie heute in der Literatur zu finden sind, gehen wahrscheinlich auf einen in den Akten der Oberförsterei Grimnitz vorhandenen Situationsplan aus dem Jahre 1885 im Maßstab 1:500 zurück. Er wurde seinerzeit von einem Eberswalder Ingenieur aufgenommen.

Die Mauern sind bis eineinhalb Meter dick und aus unregelmäßig geschichteten Blöcken aufgemauert. Zur Befestigung der Mauer waren acht Türme, die teilweise halbrund bzw. viereckig aufgelegt waren. Der heutige Aufgang zum Grundstück Westphal deckt sich mit einer einstmals vorhandenen Zugbrücke. Die Ausdehnung von West nach Ost 65 m, von Nord nach Süd 60 m. Eine fast quadratische Form. Die Burg war 3 Stockwerke hoch, der unterste aus Stein, die beiden anderen aus Holz. Jedes Stockwerk war 10 m tief. Daneben gab es 6 Nebengebäude, einen langen Saal, eine Gärtnerei, den Alten Hof, ein Brauhaus, den Krug und eine Meierei. Soweit die Angaben aus dem Liebenwalder Erbregister.

Als am 30. März 1603 der neue Amtsschreiber Andreas Richter bei der Amtsübernahme ein Inventarium aufstellt, erhellt sich das Bild über die Burg wesentlich. Hieraus einige Schlußfolgerungen.

Die Kellerräume gehören offenbar zu den ältesten Teilen der Burg und stammen aus der Zeit der Erbauung. Es sind drei an der Zahl, von denen der südlichere größere rechteckig und mit einem von Osten nach Westen streichenden Tonnengewölbe überdeckt ist. Früher befand sich in seiner westlichen Hälfte ein Brunnen. An der nördlichen Wand sieht man noch heute den Anfang eines Kaminschlotes. Nördlich von diesem Raum liegen 2 quadratische Räume, die durch Türen getrennt sind. Dieser heutige Keller bildete wahrscheinlich den Unterbau (alle 3 haben Lichtöffnungen) des im Jahre 1603 erwähnten dreigeschossigen Mittelhauses, später „Altes Haus“ oder „Alter Hof“ genannt. Das erste Obergeschoß war mit dem 2. Obergeschoß des langen Hauses (langer Saal) durch einen hölzernen Übergang verbunden. Das fast quadratische Ringmauerwerk war außen vom See und von teichartigen Gräben umgeben. Ein Wall bestand wohl nicht. An den Ecken war die Mauer durch halbkreisförmige „Bastein“, Rondelle verstärkt, außerdem inmitten der 4 Seiten von ähnlichen Anbauten, aber größeren Durchmessers, besetzt. Der Eingang zur Burg lag am Nordende der Westseite und war nach den vorliegenden Nachrichten mit einem Torhaus versehen und durch eine Zugbrücke zugänglich.

Die Türme waren als Wohnstätten ausgebaut. Später sind in den unteren Teilen flachgewölbte breite Schießscharten aus Backstein eingemauert worden. Sicherlich ein Beweis dafür, daß die Burg im 16. Jahrhundert befestigt wurde.

Um 1524 wurde ein langes Ostgebäude an die schon vorhandene Mauer gebaut. Sein unterstes, kellerartiges massives Geschoß lag damit dicht am See und unterhalb des Hofniveaus. Es enthielt in symmetrischer Anordnung 2 Wendelstiegen (noch heute zu erkennen).

Das Erdgeschoß über diesen Kellerräumen hatte nur Vorräte zu beherbergen. In den Mauern befinden sich 4 eckige Kanäle, die - wie man sich durch Feuerungen überzeugen kann - unter sich in Verbindung stehen und den ganzen Bau durchziehen. Da sie aber keine Spur von Ruß zeigen, sind sie vielleicht als Reste einer alten Luftheizung anzusehen.

Ältere Forscher haben noch nördlich von der heutigen Burgruine umfangreiche Mauerreste gesehen, die zum Teil bei der Anlage von Wirtschaftsanlagen der Oberförsterei Grimnitz und in neuester Zeit beim Bau der „Holzschule Schorfheide“ verschwunden sind. Auch östlich, in Richtung See, wo sich zwischen Ruine und See ein etwa 80 m breites niedriges Vorland ausgedehnt hat, das von dem Wasser durch eine lose aufgeschüttete Feldsteinmauer getrennt ist, befinden sich noch Grundmauern. Da sich der Kern des alten Schlosses erhalten hat, ist anzunehmen, daß die Baulichkeiten Wirtschaftsgebäude waren. Bis 1900 gab es an der Nordseite eine Steintreppe (in Höhe der Küche der Holzschule).

Gleichzeitig mit den Renovierungsarbeiten, die 1524 - 1528 vonstatten gehen, erhalten wir einen kurzen Einblick in die Ausstattung der Räume. In

den Bauakten von Grimnitz befindet sich eine Urkunde, wohl die älteste über das Aussehen der Anlage, mit der Jahreszahl 1524.

„Dat Mitwoch nach Oculi“ 1524

Sie enthält einen Vertrag zwischen dem „Melmeister“ zu Berlin Peter Otlin und dem damals regierenden Kurfürsten Joachim I. Unter den Baulichkeiten, um deren Renovierung es sich handelt, wird zum ersten Mal die Kirche erwähnt: „Die Kirche des gleichen auszufertigen, und uff die Kirche ein spitzichen oder glockentürmlichen zu machen, dazu vorne an den Lichtzauen ein Thor“. In der Kirche selbst stehen „2 rothe schemell, 3 gemeine schemell stehen uffen Chorr nebst Churfürstlichen stuben“.

Das lange Gebäude, dessen untere Räume zu Wirtschaftszwecken dienten, wird am 6.12.1528 als „Newen Kemenat beym Grimnitz“ bezeichnet und hat einige Heimatforscher zu der Annahme verleitet, es handle sich um eine völlig neue Anlage am Ostufer des Grimnitzsees. Diese Annahme ist falsch und entspricht nicht den vorliegenden Materialien. Dieses „lange neue Haus", welches die gesamte Ostseite des Burgquadrates zum See ausfüllte, enthielt die herrschaftlichen Wohnräume; in der Nordhälfte die der Kurfürstin, in der Südhälfte die des Kurfürsten, von dessen Gemächern ein Gang zum Chor der Kirche führte, wie dies auch mehr als 100 Jahre später in einem Bericht des Oberförsters Ikler über die Räume bestätigt wird. Die Lage der Kapelle ist sicher festzustellen. Sie befand sich im Südosten der Burganlage, lehnte mit dem Chor im Osten an das lange neue Haus und berührte wohl mit der Südwand die über den Graben sich erhebende Burgmauer. Das Portal kann sich nach Westen oder Norden geöffnet haben. Ein Hofprediger war angestellt und schlief mit dem Hofmedicus in einem Zimmer im langen Haus.

1571/72 wurde die Burg gänzlich umgebaut. Die Rechnungen aus damaliger Zeit sind vorhanden.

1579 vernichtete ein Brand große Teile des Schlosses, die, wie bereits erwähnt wurde, im 2. und 3. Geschoß aus Holz bestanden.

1584 steht „vorm Schloss ein neuer Marstall", der auf eine große Hofhaltung hinweist, ebenso wie der 1582 erwähnte große Pretiosendiebstahl, bei dem große Mengen Geschmeide und Schmuck verschwanden.

Neben der Nachricht über die bauliche Substanz tritt auch die politische Aktivität dieser Zeit wieder in Aktion.

1529 geht der Vertrag von Grimnitz über die Bühne.

1594 macht sogar der Erzbischof von Köln einen Besuch auf dem Schloß.

Inwieweit das sogenannte „Dat Witte Hüseken" in Verbindung mit Burg Grimnitz zu bringen ist, läßt sich heute nicht mehr klären. Auf keinen Fall hat ein unterirdischer Gang dorthin bestanden, ebensowenig gab es andere geheimnisumwogene Gänge, von denen Joachimsthaler Bürger zu berichten wissen (z.B. ein Gang zur Insel im See, oder ein Gang unter dem Grimnitzsee zum Ostufer, oder ein Gang von der Burg zum Braukrug usw.)

Aus all dem bisher Gesagten läßt sich erkennen, daß Schloß Grimnitz, 1247 erbaut, seine erste Glanzperiode unter den Askaniern erlebte, dann bis 1500 kaum in Erscheinung trat und als Jagdhaus und Aufenthaltsort der Hohenzollern wieder zu voller Blüte, wenn auch unter anderen Gesichtspunkten, kommt.

Ab 1600, vielleicht auch wenige Jahre später, beginnt sich der Untergang abzuzeichnen. Eine Grimnitzer Gemeinde war entstanden.

1604 entsteht Joachimsthal, der 30jährige Krieg (1618-1648) wirft seine Schatten voraus.

Im Sommer und Herbst des Jahres 1627 bekommt auch Grimnitz die Härte des Krieges zu spüren. Trotz eines kurfürstlichen Briefes lag vom 20.-28.7.1627 eine Kompanie Fußvolk (etwa 250 - 300 Mann) auf Schloß Grimnitz. Ihr Anführer war ein „Capitan Nahmens Niclaus Nuthger", der den Befehl von Herrn „Oberst Hans Georg von Arnimb" hatte.

In einem aus dem Jahre 1740 stammenden Aktenstück fand man ein vergilbtes Blatt über die Zerstörung des Schlosses Grimnitz. Nach dem Großen Krieg, 1663, wurden 1400 Thaler zur Wiederherstellung des Schlosses angewiesen.

Rehwild

Damwild

Aus Eberswalder Magistratsakten geht hervor, daß der Kurfürst Friedrich Wilhelm, der Große Kurfürst genannt, und der 1. preußische König Grimnitz noch als Jagdschloß nutzten.

1671 hielt er sich für längere Zeit hier auf.

Danach verfällt die Burg immer mehr.

1748 berichtet Oberförster Ickler, der in Grimnitz wohnte:

„das Schloss habe aus 2 Gebäuden bestanden, wovon das am westlichsten Ufer des Sees gelegene offenbar der älteste Bau gewesen sei, da die an den Ecken desselben noch vorhandenen Rondellen von Feldsteinen errichtet worden seien. Ein Anbau von Backsteinen rühre aus späterer Zeit her und die Befestigung desselben mit sehr tiefen Gräben und Umziehung einer Mauer lasse das ostwärts am Grimnitzsee vorhanden gewesene Gebäude in späterer Zeit von Holz und Stein erbaut worden, habe jene Spuren von Befestigungsanlagen nicht aufzuweisen und habe zum Jagdschlosse und Aufenthalt der Kurfürsten gedient. Dieses Schloss sei schon vor geraumer Zeit eingestürzt und waren die Steine teils zum Bau der Oberförsterei verwendet worden, teil lägen sie noch in den Ruinen umgebenden Gräben. Die ältere Schlossruine auf der westlichen Seite stände jedoch noch und würde zur Aufbewahrung von Netzen und anderen Jagdgeräten benutzt. In diesem älteren Schlosse hatten die Anhaltinischen Fürsten oft ihren Aufenthalt, wie noch die mit dem Datum Grimnitz bezeichneten Urkunden ergaben, während auf dem Neueren dem Jagdschlosse der Hohenzollern, am 24.08.1529 der bekannte Erbvergleich zwischen Brandenburg und Pommern abgeschlossen wurde. Diese alte Ruine ist in neuerer Zeit, in den Besitz eines Privatmannes gelangt“.

1748 steht also nicht mehr viel. Ein Stein nach dem anderen bröckelt ab. Steinhändler bemächtigen sich des Materials, Straßen in Berlin werden damit gepflastert (über den Werbellinseekanal gelangten sie dorthin).

1880 gebietet Wilhelm IV. durch eine Verordnung Einhalt. Es ist aber schon zu spät. Was heute noch steht, ist zu wenig, um es unter Denkmalschutz zu stellen. Im Frühjahr und im Herbst, wenn die Blätter von Baum und Strauch fallen, kann man die Reste noch sehen.

Ein Wohnhaus steht auf den ehemaligen Gewölben, das 1. Stockwerk ist heute Keller und dient der Aufbewahrung von Kartoffeln und Gemüse.

Die Stadtverordneten von Joachimsthal denken an die Errichtung eines Heimatmuseums.

Von anderen Burgen rund um die Heide

Der Askanier Albrecht II. baute in den Jahren 1211-1215 eine Kette von Burganlagen. Eine davon ist die Burg Werbellin am Südufer des mächtigen Werbellinsees. Von drei Seiten vom Wasser umgeben war sie eine Trutzburg und Ausgangspunkt für Landnahme in Richtung Osten.

Markgraf Johann I. baut 1247 die Burg aus. Immer mehr wird sie wie Grimnitz zu einem bevorzugten Jagdaufenthalt der Markgrafen von Brandenburg. Gut ausgerüstete Räume garantierten einen angenehmen Aufenthalt. Nach seiner grausamen Tat an dem Kanzler von Buch zog sich hier Waldemar zurück. Burg Werbellin wurde um 1400 von Raubrittern zerstört. Anteil hatten auf jeden Fall die Quitzows. Über viele Jahre hinweg wurden noch Waffen und Geräte aufbewahrt.

Das Haus Hohenzollern kaufte die Rechte der alten Burganlage und auf Betreiben des Heimatdichters Brunold aus Joachimsthal wurde ein besteigbarer Turm, der Askanierturm, errichtet. In neuester Zeit restauriert, wieder ein lohnendes Ausflugsziel und Fotoobjekt für Wanderer.

Zur Burganlage Groß-Schönebeck lesen wir bei Pfarrer Steeger: „Die Burg ist frühzeitig in Verfall geraten. Schon 1660 war sie so verwüstet, daß der große Kurfürst dem Amtsschreiber Vogelsang zu Bötzow gestattete zum Ausbau seines Braukrugs in Groß-Schönebeck soviel Mauer- und Dachsteine zu entnehmen, als er bedurfte!“ Damit erlitt diese Anlage das gleiche Schicksal wie sie uns aus der Historie der Burg Grimnitz bekannt ist.

Aller Wahrscheinlichkeit nach errichtete Albrecht I. während seiner Regierungszeit (1205-1220) die Burg Groß-Schönebeck inmitten sumpfiger, unzugänglicher Wiesen am alten Bekefluß. Wie alle anderen Werbellinseeburgen war sie quadratisch mit einem Wassergraben umgeben.

Der Grund war aus unregelmäßigen Feldsteinen, die oberen Etagen aus Holz. Mit dem erfolgreichen Vordringen der Askanier verlor auch Groß-Schönebeck seine strategische Bedeutung und wurde zum beliebten Aufenthaltsort bei Jagden, Festen und Datierungen von Verträgen und Dokumenten. 1304 mahnt Markgraf Herrmann die Stadt Lübeck, sie möge ihre Schulden begleichen, im Winter 1313 verkauft einer der letzten Askanier Waldemar dem König Erich von Dänemark die Hälfte des Turmes zu Warnemünde. Dieses Datum wird heute auch als Geburtsstunde der Gemeinde Groß-Schönebeck angesehen, denn unweit der Burg hatten sich Menschen angesiedelt, die den Stamm des heutigen Dorfes bildeten. Nach einigen Freijahren waren sie zu Diensten und Abgaben verpflichtet.

Der Große Krieg (1618-1648) ging auch an Groß-Schönebeck nicht vorbei. Burg und Dorf sanken in Schutt und Asche. Mansfelder, Wallensteiner und die Rotten Tillys, aber auch die Kaiserlichen zogen raubend und plündernd durch die Mark. 1663 sind es die Schweden und Sachsen, die fast alle Siedlungen in der Heide zerstören. Im Kirchenbuch lesen wir: *„Der Ort ist völlig wüst. Die Kirche, die Pfarre mit ihren Dokumenten, die Bauern- und Kossäthenhöfe lagen in Schutt und Asche, die alte Burg war zur Ruine geworden. Von anno 1638 bis anno 1646 ist in der Mühle, weil alle Leute wegen des Krieges entlaufen und zuletzt alles eingeäschert wurde, nicht gemahlen. Ein Pfarre ist nicht bestellt, weil das Dorf noch ganz in Asche liegt und keiner unterhalten werden kann!“*

Askanierturm am Ausgang des Werbellinsees

Auf den Ruinen der alten Askanierburg beginnt 1680 der Große Kurfürst (1640-1688) den Aufbau eines Schlosses, das es heute noch gibt. Sein Sohn Friedrich III., Kurfürst von Brandenburg, seit 1701 auch König in Preußen (hier nennt er sich Friedrich I.), setzt mit seiner Prunksucht und Verschwendung das Werk fort.

1715 beendet der Enkel des großen Kurfürsten König Friedrich Wilhelm I., genannt der Soldatenkönig, das Werk.

Er ist der eigentliche Begründer der altpreußischen, straffen Staatsordnung. 1722 arbeitet er auf Groß-Schönebeck an seiner neuen Verwaltungsverfassung. Seine Gewissenhaftigkeit, sein Pflichtgefühl, sein unbestechlicher Wirklichkeitssinn, sein Hang zum Soliden und Tüchtigen, seine Verachtung von Prunk und Schein, seine Sparsamkeit, seine Forderung nach unbedingtem Gehorsam, Ordnung und Pünktlichkeit haben den Charakter des Staatswesens, das er geschaffen hat, stark beeinflußt. Jeder hat seine „verfluchte Pflicht und Schuldigkeit" zu tun.

Mit dem Bau von Hubertusstock (1847-1849) verlagerten sich die Schwerpunkte direkt in die Schorfheide.

Im Schloß Groß-Schönebeck wohnen ab jetzt Forstbeamte. Um 1967 wird renoviert, ein Kulturhaus der Forstarbeiter entsteht. Seit dem 15. Mai 1990 beherbergt das Schloß ein Schorfheidemuseum. Der örtliche Natur- und Heimatfreunde e.V. hat mit viel Fleiß Dokumente und Schaustücke zusammengetragen. Ausgestellt sind der letzte erlegte Wolf, der letzte Wisent, Dokumente über die Jagd, Erinnerungen von Wilddieben und andere historische Dinge. Ein Besuch lohnt sich auf jeden Fall.

Jagdschloß Groß-Schönebeck, heute Museum

Letzter in der Schorfheide erlegter Wisent, um 1940

Sind uns die Burgen Grimnitz, Groß-Schönebeck und Werbellin durch authentisches Material belegt, so liegt die Geschichte der Burg Breden doch recht im dunkeln. Archäologen fanden in der Nähe des heutigen Fischereigehöftes Radtke im Wasser Reste von Pfahlbauten, die zur curia BRETEN oder BREDEN (Wirtschaftshof Breten) gehörten. 2 Urkunden aus dem Jahre 1308 bzw. 1311 belegen das. 1375 wird Breten im Landbuch des Kaisers Karl IV. als „festes Haus“ erwähnt und beschrieben. 200 Jahre später errichteten die Kurfürsten in der Nähe der Burg Breten ein Jagdhaus mit „Neuem Haus“,

Marstall und Heidereiterhaus. Nach Verfall im 17. Jahrhundert bleiben als Reste ein Keller mit Tonnengewölbe auf dem Hof des Forstgebäudes in Altenhof.

So kurz und knapp stellt sich die Geschichte in den Augen der Historiker dar. Wir aber wollen in alten Büchern und Akten weiterblättern.

Im Jahrgang 1898 der Zeitschrift „Der Bär" wird von einem Oberlehrer Böttger aus Wriezen folgender Bericht gegeben:

„Als besagtes Försterhaus vor mehr als hundert Jahren dort erbaut werden sollte, fand man im Grunde tiefgemauerte Fundamente und einen Keller und in diesem, außer alten Kupfergerätschaften, auch ein Faß mit altem Wein, dessen Dauben bei der Berührung in Staub zerfielen. Der Wein, indessen in der topasfarbenen Weinsteinkruste, die sich seit den Tagen Markgraf Waldemars gebildet hatte, unverschüttet stehen blieb. Die Familie des Försters Muhme, die über 100 Jahre diese Försterstelle innehatte, soll diese Fundstücke noch heute aufbewahren. Als vor wenigen Jahren hier wieder gebaut wurde, stieß man abermals auf alte Fundamente, und auf solchen ruht noch heute der Keller der jetzigen Försterei. In einem der Kellerräume fand man auch eine Tür, durch die der Zugang zu der im See versunkenen Stadt führte. Leider vermochte dieselbe niemand zu öffnen."

Über die Ruine in Poppes Garten berichtet Böttger: „Es befinden sich daselbst Mauerreste von unbehauenen Feldsteinen in eisenhartem Mörtel."

Als Theodor Fontane, der Dichter der Mark, den Werbellinsee umwanderte, erhielt er von diesen Dingen Kenntnis und schrieb sie im 5. Teil der „Wanderungen durch die Mark Brandenburg" als Teil „Das Oderbruch" nieder.

1957 unternehmen Grimm und Kapitän Unterwasserforschungen in der Bucht bei der Fischerei. Sie finden, 23 m vom Ufer entfernt, 150 Eichenpfähle, die ihren Erkenntnissen nach eine Bauanlage mit einem quadratischen Kern darstellen. Aber auch Nebenanlagen und ein äußerer Schutzwall werden gefunden. Auch Brunolds Gedicht „Der Werbellin" mit der Zeile

„Auf der Flut, in Abendfeier
Schwimmt ein Schifflein sonder Eil'
Braungelockten Haar's am Steuer
Lehnet Otto mit dem Pfeil."

gewinnt damit wieder an Bedeutung. Fuhr er, Otto mit dem Pfeil, der 1266-1319 regierte, an BRETEN vorbei?

Der Wald - er gibt uns Holz, er mästet die Tiere

Wer heute die Schorfheide durchwandert, findet an vielen Orten noch mächtige und knorrige Eichen als lebendige Zeugen vergangener Zeiten. Besonders um Hubertusstock und bei der Försterei Wilhelmseichen, heute Kienhorst, erzählen sie von der Ewigkeit der Natur. Wie alles in der unberührten Natur war der Wald zu Beginn ein natürlich zusammengesetzter. Auf gutem Boden wuchsen die Traubeneiche und andere Mischhölzer, auf den schlechten Böden die Kiefer. Daneben standen Birken, Buchen und dort, wo der Wald sich lichtete, gewaltige Linden. So z.B. am Rande des Forstamtes

Grimnitz am Dovinsee, wo in alten Zeiten sich unter einer solchen ein Thingplatz der Germanen befand. Ganz in der Nähe ist heute die Försterei Bärendikte. Mit der Notwendigkeit, für die Staatskasse Geld heranzuschaffen, werden diese Eichen gefällt und sind verschwunden. Heute finden wir, bis auf wenige Ausnahmen, reine Kiefernbestände.

1547 erscheint die 1. Holzordnung für die Mark, der Herausgeber ist Kurfürst Joachim II. (1535-1570). 1720 erscheint die letzte „renovirte und verbesserte Holtz-, Mast-, und Jagdtordnung". Der König hatte erkannt, daß in seinem Wald empfindliche Lücken im Holzbestand waren und erhöhte das Pflanzgeld, mit dessen Hilfe sogenannte Eichelkamps angelegt wurden, um junge Bäume anstelle der abgeholzten zu pflanzen.

Natürlich lieferte der Wald auch Brennholz. Der Verkauf von Hölzern für Schiffbau, Hausbau und Stellmacherbedarf brachte eine Menge Geld.

Die Waldweide begann sich nur zögerlich zu entwickeln. Zunächst waren es nur Schweine, die eingetrieben wurden. Das Geschäft mit der Schweinemast im Walde blühte. Jährlich wurde festgestellt, wie gut die Eichelmast war. Danach bestimmte man die Zahl der einzutreibenden Schweine. Sie begann zu Michaelis und endete bei Nicolai, d.h. sie dauerte vom 29. September bis 6. Dezember eines jeden Jahres. Die Kosten dafür waren recht unterschiedlich.

Blick vom Lindhorster Feuerwachturm

Sie reichten von 2 Scheffeln Hafer für ein Schwein über 21 Groschen für Städter hin bis zu einem Taler für Fremde und Ausländer. Trieb ein Untertan sein Schwein in fremde Reviere, zahlte er 3 Taler Strafe, dieweil es niemandem gestattet ist, dem Landesherrn die Mastgebühr zu entziehen. Diese Verordnung hatte aber auch den Vorteil, daß wenig und nur trockene Eichen gefällt wurden.

Mit dem Jahre 1820 wird die Schweinemast verboten. Bereits 1840 steht geschrieben „Die Mast wird wegen Mangel an masttragenden Bäumen seit vielen Jahren nicht ausgeübt und kann als erloschen gelten!"

Haustiere in der Heide mästen zu lassen, diese Idee wurde erst wieder in den 60er Jahren des 20. Jahrhunderts aufgegriffen. Landwirtschaftliche Produktionsgenossenschaften, Besatzungsmacht und Staatliche Forstwirtschaftsbetriebe betrieben sie mit mehr oder weniger Erfolg. Neben Schweinen waren es Enten und Puten, die man versuchte zu halten.

In alten Zeiten durfte Rindvieh nur soviel gehalten werden, wie das Winterfutter durch eigene Ernte im Sommer gesichert werden konnte. So erhielten die Joachimsthaler in der Gründungsurkunde das Recht, nicht mehr als 15 Rinder zu halten, Schafe und Ziegen sind zu halten nicht zugelassen. Aus jagdlichen Gründen war es auch nicht erlaubt, Futter für den Winter im Walde zu gewinnen. Daß die Bevölkerung und sogar die Forstbeamten dennoch Schafe und Ziegen weiden ließen, geht aus dem Edikt vom 7. Februar 1685 hervor. Es wird noch einmal streng untersagt. 1784 weiden im Grimnitzer Forst, also in der Schorfheide, 2.650 Rinder, 523 Pferde und 15.320 Schafe.

Um 1720 beginnt jedoch der Einschlag der Alteichenbestände in der Schorfheide. Der Soldatenkönig brauchte Geld. Nach dem Fällen werden die Stämme verschifft. 3 Möglichkeiten bieten sich an.

Der 1. Weg führte zum Werbellinsee, über den Werbellinseekanal in den Finowkanal, in die Havel, in die Elbe nach Hamburg, und von dort nach England und Frankreich. Hier wurden Schiffe für die englische Seemacht gebaut. Und Fässer für die Aufbewahrung französischen Cognacs gebaut.

Der 2. Weg führte zum Werbellinsee über den Werbellinseekanal zur Oder nach Stettin.

Der 3. Weg war im Norden das schiffbare Döllnfließ, in die Havel und wieder in die Elbe.

Es war die hohe Zeit der Flösserei, viele Bewohner der Heide verdienten damit ihr Geld. Erst um 1865 wird sie eingestellt. Schnell nahmen die Bestände ab und als 1739/40 der eiskalte Winter kam, erfroren nicht nur die Weinstöcke in Joachimsthal, die am heutigen Friedhof lagen, sondern auch fast alle Eichen. Beckmann erzählt dazu:

„Der Frost setzte bereits zu Michaelis ein und dauerte bis Ende April. Im Januar waren es -30 Grad Celsius, am 7. Februar -39° Celsius, das Thermometer war bis in die Kugel gefallen. Noch am 4. Mai mußte das Vieh über das Eis getrieben werden. Die Bäume waren noch trocken und hatten nicht ausgeschlagen". 1793 kann man sie schon zählen, die alten Riesen aus vergangenen Tagen. In der Kienheide sind es noch 6417. 1812, als Napoleon in Richtung Rußland zieht, fallen für den Bau von Kanonenrädern die letzten.

Friedrich II. weiß um den Bestand seiner Forsten und schreibt an den Landjägermeister von Lüderitz einen Brief.

Mitten in der Schorfheide gelegen – Groß-Dölln

„Bester Besonders lieber Getreuer!
Es ist zwar nur euer Bericht vom 3.ten dieses, von der Euch geschehenen Besichtigung der Chur-Märkischen Forsten und wie Ihr die Besämungen und Anpflanzungen befunden zugekommen. Ich muß Euch aber sagen, daß die vielen Tabellen die Sache nicht ausmachen. Ich weiß es schon, wie die Forst-Bediensteten es machen: an die Wege, wo sie wissen, daß ich durchpassiere, da geben sie sich etwas Mühe und findet man wohl etliche 100 Schritte etwas von Bäumen: dahinter dagegen ist alles leer und kahl und wird nichts getan, das gefällt mir gar nicht, das ist nur so was vor die Augen gemacht. Ihr müsset Euch also die Anpflanzung mehr gelegen sein lassen .... und damit die Forsten in einem besseren Zustand kommen. Ihr habt demnach darauf pflichtmässigen Bedacht zu nehmen und die Forstbeamte mit Nachdruck zur besseren Beobachtung ihrer Schuldigkeit anzuhalten.

Ich bin Euer Gnädigster König
Friedrich
Potsdam, den 4. Oktober 1776

Der Waldzustand war katastrophal. Der 1. preußische Forstminister Graf von Schulenburg bestätigt das mit den Worten: „...der Wald ist so übel zugerichtet, dass er nicht mehr zu erkennen ist! Das Revier ist verhunzt!"

179

Die Gründe für den desolaten Zustand der Schorfheide liegen jedoch nicht nur im Raubbau mit den Eichen, sondern sind anderweitig zu suchen. Als 1760 Friedrich der Große in Preußen die Kartoffel einführte, wurde sie gleichzeitig zum „Feind“ der Forstkasse und des Waldes. Die Bauern mästeten die Schweine mit eigenem billigeren Futter, die Einnahmen des Fiskus sanken. Um sie auszugleichen, gestattete man die Waldweide für Rinder, Pferde und Schafe. 1784 weiden bereits 2.650 Rindviecher, 523 Pferde und 15.320 Schafe. Das ist der Tod allen Jungwuchses, nichts kam mehr ohne menschliche Hilfe nach oben. Gleichzeitig begann der massenweise Abschuß der bis dahin dominierenden Tiere im Wald, der Wildschweine, die auf den Feldern großen Wildschaden anrichteten. Eine andere Tierart wurde aber intensiv gehegt - das Rotwild. Jeder Forstmann aber weiß, daß diese Tiere weitaus waldschädlicher sind. Im Kapitel „Über die Tiere“ wird davon noch zu hören sein.

Die Zeit der Eichen war vorbei, sie war dem Streben der Staatskasse nach immer neuen Einnahmen zum Opfer gefallen. Als erste siedelten sich durch Saat und Anflug Birken an. Ab 1820 beginnt die Aufforstung des Waldes mit Kiefern, die noch heute der Schorfheide das Gepräge geben.

Nach dem 1. Weltkrieg besinnt sich die Forstwirtschaft wieder und es werden Laubhölzer in zunehmendem Maße angepflanzt.

Von 1920 - 1945 findet die Schorfheide eine relative Ruhe, als Stiftung „Schorfheide“ wird sie geschont und forstwirtschaftlich normal genutzt. Wildbestände werden erhöht.

Beim großen Zusammenbruch 1945 und danach wird noch einmal der große Schnitt mit den Altbeständen gemacht. Auf Befehl der sowjetischen Ortskommandantur Joachimsthal haben sich täglich alle Gespannführer zu melden und werden zur Abfuhr der letzten Eichen und mächtigen märkischen Kiefern eingesetzt. Tag für Tag prasseln im Revier Michen und Hubertusstock, in Kienhorst und Lindhorst, in Reiersdorf und Hirschberg Bäume zu Boden und werden als sogenanntes Reparationsholz nach Rußland abtransportiert. Ihr Schicksal sind Schwellen und Bauholz und wie paradox auch Brennholz in Kraftwerken der Ukraine. Mit der Schaffung des Militärforstbetriebes Schorfheide 1961 wird der Wald fast ausschließlich jagdwirtschaftlich genützt. Viele Arbeiten bleiben liegen, Wild muß bestätigt werden. Förster werden zu Jagdleitern. Ein Kapitel für sich.

Ab 1991 ist die Schorfheide Bestandteil eines von der UNO anerkannten Biosphärenreservates. Was das für die Schorfheide bringt, weiß heute noch keiner. Eins steht jedoch fest, sie wird in Zukunft sanft genutzt werden (in allen Belangen).

Das Kapitel vom Wald und den Tieren

Wer das Wort Schorfheide hört, denkt sofort an kaiserliches Jagdrevier, an das Jagdschloß Karinhall und an den Reichsjägermeister Göring, aber auch an das Sonderjagdgebiet „Militärforst“ Schorfheide und an Berichte von Reportern über dort stattgefundene Jagden. Die Gemüter erregen sich. Das ist aber

Kolbenhirsch beim Äsen

nur die eine Seite, die andere ist die Stille, nicht so spektakuläre. Sie ist beschrieben mit Adler, Kranich, Wanderfalke, Laubfrosch und Schildkröte, Ente und Schwarzstorch. Man kann sie nicht alle aufzählen; die Bewohner der Heide und der darin liegenden Seen und Sümpfe. Aber sie haben es verdient, im Buch genannt zu werden.

Wenn wir der Aufstellung des Forstamtes Grimnitz aus dem Jahre 1936 folgen, umfaßt das Wildgehege der Schorfheide die Wälder rund um den Werbellinsee, die Oberförstereien Pechteich, Groß-Schönebeck, Reiersdorf und Zehdenick. Das ist die gewaltige Fläche von 150.000 Morgen. Es ist somit das größte zusammenhängende Waldgebiet auf dem Territorium im Osten Deutschlands, eines Deutschlands, das nach 1945 entstand. Es bietet sich förmlich, bedingt durch seine dünne Besiedlung, für Tiere an. Mit Sicherheit können wir annehmen, daß bis zum 16. Jahrhundert noch Bär, Luchs und Wolf, zusammen mit Wisent und Wildkatze hier zu Hause waren.

Besondere Aufmerksamkeit widmete man schon immer dem „König der Wälder“, dem Hirsch. Das Rotwild ist in der Schorfheide weit verbreitet und bis auf die Zeit Friedrich II., der massenweise Wild abschießen ließ, immer gehegt und gepflegt worden. Das ging soweit, daß 1989 ein 10- bis 15facher Wildbesatz als normal zu finden war.

1748 werden 50 Stücken Rotwild gezählt.
1812 sind es 600.
1887 800, das ist nunmehr das 16fache des Jahres 1748.

Das Rotwild lebt in Rudeln. Hirsche und Tiere bilden außerhalb der Brunft getrennte Rudel. Zu Beginn der Brunft bilden die älteren Platzhirsche mit mehreren Tieren ein selbständiges Rudel. Es ist schon gewaltig, wenn zur Brunftzeit ein starker Hirsch röhrt, schreit oder orgelt. In der Schorfheide beginnt die Brunftzeit Mitte September und dauert etwa 3 - 4 Wochen. Dabei ist der Brunftbeginn vom Wetter, dem Geschlechterverhältnis und vom Brunftbeginn des Kahlwildes abhängig. Lassen wir Theodor Fontane in seinen „Wanderungen durch die Mark Brandenburg" sprechen.

„Im Werbelliner Forst befinden sich 3.000 Hirsche, nur um die Brunftzeit etwa von Mitte Oktober umfaßt er noch 1.000 mehr. Dann erscheinen die Wanderhirsche. Sie kommen aus den benachbarten Landesteilen aus Mecklen-

Zwei Kapitale

burg, Pommern, Schlesien, selbst aus Polen und Ostpreußen, also bis 100 Meilen weit. Alle diese Gegenden, namentlich die nordöstlich gelegenen, haben weniger Weibchen in ihren Wäldern, und dieser Umstand treibt die männlichen Hirsche westwärts und speziell an die Ufer des Werbellin. Hier ist dann Rendezvous „Convivium", wie es die Leute nennen. Weil der Weg weit und die Fährlichkeit der Reise gross ist, so machen sich nur die stärksten Tiere auf den Weg, wissen auch wohl, dass sie als Eindringlinge kommen und dass es ohne schwere Kämpfe nicht abgehen wird. Diese Kämpfe finden denn auch jedesmal statt, aber überraschender Weise selten mit den eigentlichen Herrn des Forstes,

Gewaltige Strecke

sondern gemeinhin unter den Herbeigekommenen selbst. So fechten Eindringlinge, etwa Pole gegen Ostpreuße oder Schlesier gegen Pommer, und das Resultat dieser Streitigkeiten pflegt in den meisten Fällen zu sein, dass, während die beiden fremdländischen Herren miteinander kämpfen, auch wohl sich töten, der einheimische märker den Liebespreis davon trägt. Die fremden Hirsche bleiben etwa 4 Wochen. Dann kehren sie wieder heim. Seit einem Menschenalter hat sich dieser Zuzug von außen her etwas verringert. Wahrscheinlich infolge des Jahres 1848. Die Jagdfreiheit machte damals den Marsch von Polen und Preussen bis in die Mark noch erheblich gefährlicher als in ruhigen Zeiten und die Gefahren jenes Jahres scheinen wenigstens bei den Wanderhirschen unvergessen zu sein".

Wie zur Bestätigung dieser Zeilen findet man in Jagdberichten vor dem 1. Weltkrieg Hinweise, daß Hirsche aus dem fernen Ostpreußen, aus dem kaiserlichen Jagdrevier in Rominten zur Brunftzeit in der Schorfheide geschossen wurden.

Die stärksten Hirsche im Revier wiegen zwischen 150 - 180 kg, ein kapitales Geweih bis 15 kg, die Stangen sind über einen Meter lang, die Anzahl der Enden ist bis 30 anzugeben. Die Rothirsche im Grimnitzer Forst zeichnen sich durch lange Stangen, perliges, braunes Geweih und viele Enden aus. Ende des vorigen Jahrhunderts versuchte man, Ungarnhirsche einzukreuzen. Die Zahl der Hirsche wird vor dem 1. Weltkrieg mit 3.000 angegeben. Während des 1. Weltkrieges beobachtete man die bis dahin stärksten Hirsche. Wesentlichen

Anteil hatte dabei der Forstmeister Balduin von Hövel, an dessen 85. Geburtstag eine Lehrsammlung „Hövelsammlung“ im Hubertusstock eröffnet wurde.

Auch in der Kunst fand der Rothirsch seinen Platz. Es existiert ein hervorragendes Bild vom Maler Erich Godbersen, Haus- und Hofmaler Görings. Es zeigt einen starken Hirsch inmitten alter märkischer Kiefern und befindet sich heute in Privatbesitz. Kopien hängen in verschiedenen Förstereien.

Mit der Öffnung der Heide 1989 für alle, zeigt sich der wahre Zustand des Waldes. Es wurde notwendig, die Zahl der Hirsche, die in den letzten Jahren mit einem Riesenaufwand im Sommer, aber auch im Winter gefüttert wurden, vor allen Dingen mit importiertem Mais aus Ungarn und Rumänien, zu dezimieren.

Bezugnehmend auf das neue Waldgesetz des Landes Brandenburg vom Jahre 1991, § 4, Abs. 3, Punkt 8 ... den Vorrang gesunder und artenreicher Waldbestände bei der Wildbewirtschaftung zu gewährleisten, wurde deshalb angeordnet, am 2. November 91, am 7. Dez. 91 und im Januar 92 entsprechend der Wetterlage mit jeweils 200 Jägern dem Wild zu Leibe zu rücken. Der Erfolg des 1. Treibens war folgender: 120 Tiere, davon 31 Geweihte.

Damschaufler

Neben dem Rotwild kann der Wanderer der Schorfheide das recht vertrauliche Damwild aus allernächster Nähe betrachten. Es lebt ständig in Rudeln, ist tagaktiv und stellt sich gern an den sonnigen Sanddünen der Heide ein. Es kann bis zu 25 Jahre alt werden. Die Damhirsche im Revier bringen bis zu 80 kg auf die Waage. Ein starker Schaufler hat ein Schaufelgewicht bis zu 4,5 kg. Die Brunftzeit der Schaufler, die in der Schorfheide ihre festen Brunftplätze und Brunftkuhlen haben, beginnt Anfang Oktober und zieht sich bis in den November hinein. Dann hört man oft ihren „rülpsartigen" Brunftschrei.

Die ursprüngliche Heimat des Damwildes ist das Mittelmeergebiet und die Räume in Kleinasien. 1570 wurde es in Norddeutschland vom Landgrafen Wilhelm IV. von Hessen eingesetzt. Für viel Geld hat es der große Kurfürst aus Italien nach Preußen gebracht. 1703 kam es durch den 1. preußischen König, Friedrich I., in die Schorfheide.

Das viel schwächere Rehwild ist längst nicht so stark vertreten. Nur selten kann man es mitten in der Heide finden - nicht so Fachkundige verwechseln es oft mit dem Damwild. Es äst gern auf Schneisen, in der Schorfheide finden wir es auf den in den letzten Jahren geschaffenen Wildäckern, die z.T. regelmäßig bewässert werden. Es ist ein Wild der Feld-Wald-Grenze. Wandert man am Außenzaun entlang, findet man es oft neugierig herausschauend in den Getreideschlägen. Es ist ein Feinschmecker. Die Blattzeit beginnt Mitte Juli und endet mit den letzten Augusttagen. Der Bock jagt die Ricke oft im Kreis und es entstehen die sogenannten „Hexenringe". Ein aufgebrochener Bock wiegt hier bis zu 25 kg und erreicht ein Alter von 15 Jahren.

1822 zählt man 12 Stücken Rehwild

1867 40 Stücken.

Als letztes jagdbares Schalenwild wird eingeführt, das Muffelwild. 1934/35 werden die 1. Exemplare, sie kommen aus Sardinien, Korsika, in den Revieren Reiersdorf, Zehdenick und Groß-Schönebeck freigesetzt. Sie vermehren sich schnell, ein Abschuß wird zunächst untersagt. Muffel sind wie Schafe und wie diese Pfennigsucher im Wald; sie fressen alles und sind für andere Tiere kein Nahrungskonkurrent. Schwierigkeiten gab es lediglich bei der Einbürgerung. Da das Muffelwild aus Gebieten kommt, die steinig und felsig sind, konnte es auf natürliche Art und Weise seine Schalen abwetzen; in der Schorfheide mit ihren sandigen Böden geht das nicht. (Brandenburg war schon immer des Landes Streusandbüchse).

So wuchsen bei starken Widdern mit starken Schnecken die Klauen übereinander; die Tiere hatten Schwierigkeiten beim Laufen. Deshalb kam es vor, daß man die Tiere mit Netzen wieder einfing, eine „Pediküre" (sprich Verschneiden der Klauen) machte, sie wieder in die Freiheit entließ, um sie dann gegebenenfalls einem Gast vorzustellen. Die Brunftzeit der Muffel setzt in der Schorfheide Anfang November ein und dauert bis Dezember. Durchstreift man zu dieser Zeit den Forst, kann man dumpfe, harte, weithin hallende Schläge hören. Es sind die mit ihren Schnecken aufeinander zurennenden Widder. Eine weitverbreitete und auch wehrhafte Wildart ist das Wildschwein. Namen wie Sauberge im Revier Groß-Schönebeck und „Sauschwanzposse" am Dölln erinnern daran. Noch im Mittelalter nannte man Wisent und Ur zusammen

Aus Korsika eingeführtes Mufflon

Neugierig?

mit dem Wildschwein Schwarzwild; heute trifft das nur noch für die Sauen zu. Das Schwarzwild lebt in Rotten, nur alte Keiler leben für sich allein. Tagsüber ruht es in Kesseln. Die Trophäen des Schwarzwildes sind seine Haderer und Gewehre, kurz Waffen genannt.

Das Fleisch des Schwarzwildes ist sehr schmackhaft, und der Jäger weiß daraus leckere Sachen zu machen. Versteckt vor den Augen viel zu Neugieriger, stehen noch heute in Joachimsthal und Umgebung Räucheröfen zur Herstellung saftiger Wildschweinschinken. Sie waren das vorherrschende Wild, 1515 werden bei einer Jagd 200 Sauen erlegt. Mit dem Kartoffelanbau und den entstehenden Wildschäden beginnt ein radikaler Abschuß der schwarzen Gesellen.

Wie bereits erwähnt, wurde besonders unter Friedrich II., dem Großen, die Büchse frei zum Abschuß gegeben. Oberförster Ickler erhält 1743 den Auftrag, für die königliche Küche 185 Schweine zu schießen, in einem Antwortbrief fragt er, ob es wohl auch 140 machen würden.

1747 kommt der Befehl aus Potsdam, in der Schorfheide für 10.000 Thaler Rot- und Schwarzwild „zum Kauf todtzumachen". Daraufhin Ickler: „Wenn ich alle totmache, sind es höchstens 15 Sauen"! Das ist bestimmt untertrieben, zeigt aber die Tendenz, welcher Förster will schon sein Revier leer schießen lassen.

1763 herrscht in Berlin Hungersnot, die Forstämter müssen aushelfen. Die Schorfheide liefert wöchentlich 8 grobe Schweine in die Stadt. Die Fuhrleute kommen aus Groß Ziethen.

1780 schießt man 80 Sauen, 1812 nur noch 20. Sicherlich eine Folge der französischen Besatzungsmacht, die wilddiebähnliche Jagdmethoden anwendet.

Schwarzkittel im Schnee

1836 schlägt die letzte Stunde für die intelligenten Tiere. Dem Oberförster wird die völlige Ausrottung der Wildschweine angewiesen. Während der revolutionären Ereignisse des Jahres 1848 ist das Aus da. Die Wildschweine sind so gut wie ausgerottet. Durch Einzäunung bestimmter Jagen, in die man ein paar Schweine eingattert, wird diese Wildart erhalten.

1882 setzt man im Supenbruch 2 schwarzgraue, zahme Sauen aus. Der Erfolg ließ nicht auf sich warten, doch die Frischlinge waren scheckig und wurden abgeschossen.

Für das Jahr 1873 zählt man in der Schorfheide 30 Stück Schwarzwild. Diese Zahl gilt bis 1930. Sicherlich mit Vorsicht zu genießen.

Nach 1945 nahm infolge fehlender Schußwaffen die Zahl der Wildschweine schnell zu. Zu Beginn der 80er Jahre wütete außerhalb der Bestände des eingezäunten Militärforstgebietes die Schweinepest, die aus dem Norden eingeschleppt wurde. Mit Totalabschuß versuchten sich die Jagdgesellschaften zu wehren. Bis vor kurzem waren aber Rotten von 40 - 50 Sauen keine

Seltenheit. Heute, wo kaum noch Ablenkfütterungen und Kirrplätze angelegt werden, sind auch die „fetten“ Schorfheideschweine verschwunden. Die „Keilerjäger“, so nennt man die Jäger, die sich mit ihren Terriern auf die Saujagd spezialisiert haben, sind ohne Arbeit. Der Städter, der in den Wald kommt, fragt oft den Forstmann: Wie gefährlich ist denn ein wildes Schwein? Seine Antwort wird lauten: „gefährlich nur dann, wenn die Bache Frischlinge führt, und man versucht, sich eines zu greifen und zum anderen, wenn es angeschweißt ist, zieht es sich zur Kühlung seiner Wunden in Dickungen zurück. Wenn dann ein unbedachter Pilzsammler sich ihm nähert, kommt es schon vor, dass die Bache beißt oder der Keiler mit dem Gebrech ihm die Füsse weghaut.“ Übrigens, Wildscheine haben sehr schlechte Seher. Da fällt mir eine Geschichte ein.

1959 am Ostufer des Grimnitzsees hin zur Autobahn auf der Gemarkung der Gemeinde Althüttendorf, hatte der Bauer Bolle einen Geräteschuppen. Im Volksmund nannte man ihn Bolles Bude. Hier wartete der Jäger Leo Resch aus Joachimsthal auf dem Dach des Schuppens auf Wild. Es wurde schon dunkel, da sah er wenige Schritte von sich einen großen schwarzen Fleck. Das konnte nur ein großer Keiler sein. Anvisieren, abdrücken war alles eins. Der Keiler lag im Feuer. Leo traute seinen Augen nicht, mächtige Waffen blitzten ihm entgegen. Ergebnis der Bewertung: 124,45 Punkte. Goldmedaille bei der Weltjagdausstellung 1971 in Budapest.

Auch die Redewendung ... „ein dreckiges Schwein“ ist eigentlich völlig falsch. Wildschweine suhlen sich gern im Schlamm, lassen sich trocknen und reiben an einem Mahlbaum den Schmutz ab, gleichzeitig fallen Zecken und Holzböcke, die ihnen sehr zu schaffen machen, ab. Also saubere Tiere.

Neugeborenes

Gedenksteine
an
große Jagden

Natürlich richten Schwarzkittel auf den angrenzenden Feldern großen Schaden an. Die Wissenschaftler erhielten den Auftrag, eine Kartoffelsorte zu züchten, die den Schweinen nicht schmeckt. Es wurde ein Erfolg. Von nun an wurden nur solche Sorten rund um die Schorfheide angebaut. Die Wildschweine fanden aber auch Einzug in die Sagenwelt der Heimat. Im Revier Lindhorst, Jagen 1 32, an der Karinhaller Chaussee findet sich ein seltsames Steingefüge mit 14 Feldsteinen. Der Volksmund nennt ihn „Bärens Kirchhof". Es wird berichtet: „Im Jagdschloss Grimnitz wohnte einst ein Jäger und Heidereiter....".

Ein anderes, weit gefährlicheres Tier ist der Wolf. Alte Dokumente berichten von seinem Vorkommen in der Schorfheide. Der Direktor des Joachimsthalschen Gymnasiums beklagt sich darüber, daß während des Großen Krieges (1618-1648) die Zahl der Wölfe zugenommen hat. Aber bereits am heiligen Christtag des Jahres 1575 lädt der Kurfürst Johann Georg den Fürsten Joachim Ernst von Anhalt und den Herzog Joachim Friedrich von Liegnitz zu sich nach Grimnitz zu einer Jagd ein.

„...sonst liegen wir in itziger Zeit allhier zu Grimnitz und warten auf Schnee, damit wir den Wölfen etwas abbrechen können..."

1688 regelt der Kurfürst Friedrich III. durch ein Edikt die Teilnahme an den Wolfsjagden. Die Zahl der Wölfe und die Angst vor ihnen muß groß gewesen sein.

Am 22. April 1693 gestattet der Kurfürst, daß jeder Wölfe erlegen könne. Eine Bedingung - ohne Waffe! Für einen alten Wolf gab es 6 Thaler, für einen jungen 3 Thaler, für die, die so ein Lager gefunden und klein waren, 2. Für Wölfe, die am Wolfsgarten gefangen wurden, gab es 2 Scheffel Roggen aus dem Amt.

Seit 1734 hatte jeder Forstbedienstete vor Ablauf Monat November zu berichten, wieviele Wölfe, Luchse und Bären in seinem Revier gespürt waren. Kam es dann zur Jagd, dem „Wolfsjagdlaufen", wurden die Einwohner als Treiber verpflichtet. Zur letzten großen Wolfsjagd, bei der 1809 nur ein Wolf erlegt wurde, forderte die Behörde von den Groß-Schönebeckern, vom 23. - 30. Januar täglich 35 Mann 7.00 morgens vor das Forsthaus Groß-Schönebeck zu bestellen. Bewaffnet mit Mist- und Heugabeln, Stöcken und Proviant ging es dann los. Bei Nichterscheinen gab es empfindliche Strafen (z.B. den spanischen Mantel) oder ein Morgen Land urbar machen. Die nicht so weit voneinander liegenden Forsten wurden zu besonderen Wolfsjagddistrikten vereinigt und jedem ein besonders geeigneter Wolfsjäger vorgesetzt. Für die Schorfheide ist es für das Jahr 1739 der Oberförster Ickler aus Grimnitz. Da es aber zur gleichen Zeit in Jochaimsthal einen Bürger names Bracklow gab, der besonders fährtenkundig war, wurde dieser vom Forstamt eingestellt und übernahm das Wolfsspurreiten, d.h. er spürte die Wölfe auf. Als Gegenleistung

Am Schönebecker Damm, bei Försterei Wildfang

Erinnerung an Kaiserjagden

bekam er einige Morgen Land zur Nutzung. Noch in Zeiten, als die Wölfe längst verschwunden waren, hatten die Nachfahren des Wolfsspurreiters das Ackerland im Besitz. Heute heißt es Ritterland und dürfte aus Wolfsreiterland hervorgegangen sein. Für die Jahre 1746 - 1752 wurden mehrere Wölfe im Revier der Heide aufgespürt. Bis 1761 gab es auf der Oberförsterei Grimnitz noch Wolfszeug. Es mußte aber damals zum Jagdzeughaus nach Berlin geschickt werden, weil die Wölfe im Amte Zehlendorf überhandgenommen hatten. Auch Gundula und Helmut Sutter aus Groß-Schönebeck, zwei engagierte Heimatforscher und Initiatoren des Schorfheidemuseums daselbst,

Ein Seeadlernest

schreiben in ihrer Broschüre: „Zur Geschichte des Dorfes Groß-Schönebeck" folgendes: „...hier selbst befand sich noch bis 1766 ein eigenes „Wolfs-Jagdzeug", wozu 16 Wagen gehörten, auf denen die Netze, Leinen und Lappen transportiert wurden. Mit solch einem Wolfszeug konnten etwa 2 - 3 km^2 Waldfläche umstellt werden." 1805 wird wieder ein Wolf gesichtet. Er hielt sich über mehrere Jahre und versetzte die Hirten und Viehbesitzer in Angst und Schrecken. Am 29. Januar, bei grimmiger Kälte, wurde er im Jagen 97/98 erlegt. Dieser Ort heißt heute Wolfsschlag.

Falkner

Der letzte, wahrscheinlich noch in der großen Heide geborene Wolf, wurde am 23. Januar 1822 bei einer Treibjagd in Blumenthal bei Prötzel durch den Bürgermeister Fubel aus Strausberg im Jagen 67 erlegt. Die Gemeinde setzte ihm ein Denkmal.

Nach 1945, besonders in harten Wintern, liefen noch mehrere Wölfe, wahrscheinlich über das Haff und die Oder bzw. Neisse kommend, den Jägern vor die Flinte. So im November 1985 im Revier Lindhorst; Förster Joachim Bandau erlegt einen Wolfsrüden. Der bislang letzte Wolf wurde am 3. Mai 1991 im Schorfheiderevier Lotzin See erlegt.

Das Vorkommen des Bären muß weit zurück datiert werden. Die Archive geben wenig authentisches Material her. Namen wie Bärenkasten und Revierförsterei Bärendikte (Bärendickung) sind aber ein sicheres Zeichen für das Vorkommen des Bären in alter Zeit. Ein Abenteuer, welches der Kurfürst Joachim II. (1535 - 1571) mit einem Bären hatte, erzählt uns Rektor Haftitz vom Grauen Kloster.

„Joachim jagte in der finsteren Forst zu Grimnitze auf Bären. Da sprang ein Hauptbär aus der Schlucht ihn an, ehe denn einer vom Gefolge zu Hilfe kam. Der junge Fürst wehrte sich männlich und erlegte das Untier, ohne daß er an seinem Leibe Schaden genommen. Aber der Bär hat ihm den Samtwams mit samt dem Hemde geschlitzt und hat ihm die Hosen bis an den Sattelknopf mit der Tatze fortgerissen.“ Haftitz nimmt dabei Bezug auf ein Bild, das im Jagdzimmer der Grimnitzburg gehangen hat. Willibald Alexis macht daraus „Die Hosen des Herrn von Bredow“.

„Steige hoch, du roter Adler,
hoch über Sumpf und Sand,
hoch über dunkle Kiefernwälder....,
heißt es im Brandenburger Lied.

Ein Grund mehr, den Adler näher vorzustellen. Dieser edle Vogel kam und kommt in verschiedenen Arten in der Schorfheide vor. Stets war er ein Objekt jagdlicher Leidenschaft. Heute steht er auf der Liste zu schützender Tiere ganz oben. Da die ornithologische Forschung sehr spät beginnt, gibt es auch keine Aussagen über Vorkommen, Anzahl und Lebensweise aus früherer Zeit.

1718 erläßt der Fiskus ein Patent, wegen Tilgung derer „Raubthiere und Raubvögel“. Erstmals erhalten wir Kunde, daß Adler „vertilgt“ werden sollen. 1881 wird der Seeadler als Brutvogel in den Forsten von Groß-Schönebeck genannt. Er ist der größte unter den Adlern, das Weibchen hat eine durchschnittliche Flügelspanne von 2,60 m, das Männchen ist wie bei allen Greifvögeln etwas kleiner. 1936 kommt ein zweites Horstpaar dazu. 1940 - 1977 nistet dann ein drittes Paar im südlichen, zentralen Teil der Schorfheide. 1978 - 81 war nur noch ein Altvogel anwesend. 1940 - 44 siedelte sich ein viertes Paar an. 1984 war dieser Brutplatz wieder aufgegeben. Ab 1975 pendelte sich der Bestand in der Schorfheide im erweiterten Sinne des heutigen Biosphärengebietes auf acht Brutpaare ein. Das mag viel klingen, sagt aber nichts über die Brutergebnisse aus. Von 1966 - 80, also in 15 Jahren, wurde ein einziger Adler flügge. Ein besetztes Brutrevier in der zentralen Schorfheide, das über viele Jahre durch den engagierten Feldornithologen Otto Manowsky aus Joachimsthal betreut wurde, blieb 21 Jahre, von 1963 - 83, ohne Nachwuchs. Seit 1970 gibt es am Rande der Schorfheide, im Jagdrevier Grimnitzsee, ebenfalls

Fertigmachen zur Jagd

Naturschützer aus Passion

einen besetzten Seeadlerhorst. 1981 wurde hier erstmals ein Jungadler flügge. Bis 1989 schlüpften in vier weiteren Fällen die jungen Tiere. 1982 wurde ein Jungadler mit Fehlentwicklung der Schwungfedern aufgezogen. 1983 verendeten die Jungen. 1985 und 1989 wurden 1 und 2 Jungadler flügge. 1984 wurden durch Gelegeräuber aus diesem Horst die Eier entwendet. Bei Nacht und Nebel wurde mit Steigeisen der Baum erklettert, ein bereitstehendes Auto brachte das wertvolle Gut wahrscheinlich nach Berlin. Dort wurden sie künstlich ausgebrütet, die Jungadler abgerichtet und in den Nahen Osten für schweres Geld als Falknervögel zur Jagd verkauft. Die Ermittlungen

Reichsfalkenhof

Kranich im Sumpf

verliefen damals im Sand. Die Ursachen für das Mißlingen der Brut sind vielfach. Zum ersten sind es forstliche und jagdliche Gründe, die zur Aufgabe der Gelege führen. Zweitens sind es zweifellos die Stangensucher (Geweihe der Hirsche, die Ende Februar, Anfang März abgeworfen werden, von den Menschen gesucht werden), die das Seeadlerpaar im Horst stören. Drittens sind es die durch Insektizide (DDT) eintretende Eidünnschaligkeit und die erhöhte Embryonalsterblichkeit infolge der Störung des Gasaustausches.

Für die Zeit 1950 - 89 ist die hohe Zahl von 35 toten und verletzten Adlern festgestellt worden, darunter 18 Altadler. Die Todesursachen dafür waren sehr verschiedenartig. 7 wurden abgeschossen, 2 von Zügen angefahren, 6 vergiftet und 3 fingen sich in Tellereisen, 3 flogen gegen Stromleitungen und 1 ließ sein Leben im Revierkampf, 4 hatten Flügelverletzungen und 1 hatte eine Schwungfedermißbildung; die Todesursache von 11 Adlern blieb ungeklärt.

Die Steinadler verschwanden bereits vor etwa 100 Jahren. Als beliebtes Zielobjekt wurden sie förmlich „ausgeschossen“. Sie galten als Raubwild und für den Abschuß gab es Prämien. Der Schlangenadler konnte letztmalig 1956 vom gestandenen, einheimischen Feldornithologen Wilhelm Rieck aus Joachimsthal in Mellen, einem Feuchtgebiet am Rande der Schorfheide, beobachtet werden. Die Fischadler, die zahlenmäßig noch größte Adlerart, zieht noch heute hoch über Sumpf, Wald, Wiese und Sand seine majestätischen Kreise. Ausgestorben ist auch der Schreiadler, der in nicht wenigen Brutpaaren die Heide bewohnte.

Ein besonderes Kapitel ist der Wanderfalke. Die baumbrütende Unterart war nach 1945 mit 3 - 4 Brutpaaren in der Schorfheide vertreten. 1968 wurden durch den Arbeitskreis „Wanderfalke“ 2 Eier ausgehorstet. Sie kamen nach Moritzburg bei Dresden. Die Jungen starben aber kurz nach dem Schlüpfen. Im gleichen Jahr wurden ein Terzel aus der Mönchheide und ein weibliches Tier aus einem Horst am Kölln-See in der Schorfheide ausgehorstet. Man wollte züchten. Daraus wurde nichts. Der „Mönch“, der Terzel aus der Heide, wurde nach Polen zu weiteren Versuchen gebracht. Auch hier kam es zu keiner Vermehrung. Daraufhin holte sich Professor Dr. Saar aus Berlin das Männchen zurück, verpaarte es mit in Felsen brütenden Wanderfalken. Ergebnis: bis zu 50 Nachkommen. Leider aber keine reine baumbrütende Population. 2 andere Greifvögel sind der Turm- und Baumfalke. Der Bestand des Baumfalken in der Schorfheide ist so gering, daß er kurz vorm Aussterben steht. Wie überhaupt in den letzten Jahren jedes Jahr eine Vogelart bei uns ausstirbt.

Ausgestorben im Großen Wald sind seit 2 Jahren auch die Blauracke und der Gänsesäger. Seit 1989 nur noch ein Durchzügler durch die Schorfheide. Trotz massiver Bruthilfen ist auch die in hohen Bäumen brütende Schellente als Brüter im Revier der Schorfheide verschwunden. Bleibt nur zu hoffen, daß mit den Schutzmaßnahmen des Biosphärengebietes Schorfheide-Chorin sich möglichst viele Vogelarten wieder ansiedeln. Es wäre schade, wenn man nicht mehr beobachten könnte, wie kleine Schellenten 2 Tage nach ihrem Schlüpfen sich aus 8 - 10 m Höhe aus ihrer Bruthöhle stürzen und der Mutter folgend zum See ziehen.

Waldohreule

Ein heimlicher Bewohner unseres Waldes sei erwähnt; der Schwarzstorch oder auch Waldstorch genannt. Heimlich hat er sein Nest im Wald versteckt. Zur Zeit befinden sich in der Schorfheide 2 Brutpaare dieser seltenen Art.

Weißstörche sind, wenn auch die Tendenz sinkend ist, in den Dörfern der Heide noch recht zahlreich. Kunstnester haben dazu wesentlich beigetragen. Im Kreis Eberswalde hat sich die Zahl der brütenden Paare seit 1980 bis 30 eingepegelt. Auch Joachimsthal besitzt eines davon.

Ein rauher Geselle ist der Kolkrabe. Schon auf der Liste der aussterbenden Vogelarten stehend, hat er sich in der Heide großartig erholt; einzelne Exemplare werden schon wieder geschossen. Schwünge von 80 - 100 Kolkraben werden von Jägern und Naturschützern angegeben. Fällt ein Schuß, schon ist der Rabe am gestreckten Wild. Diese Vogelart ist ein ausgesprochener Frühbrüter. Es wurde schon beobachtet, daß am 1. Mai die Jungen ausflogen.

Besonders in letzter Zeit gibt es kontroverse Diskussionen zwischen Naturschützern und gewerbetreibenden Fischern um den Kormoran. Die einen verlangen den absoluten Schutz, die anderen einen resoluten Selektionsabschuß. Die mehr oder weniger schwarzen Vögel mit kurzen Füßen, einem verhältnismäßig langen Hals und schmalen, hakig gekrümmtem Schnabel, bewohnen die Meeresküsten, sind an Mündungen von Flüssen zu Hause und haben sich auch an Seen mit am Ufer stehenden Bäumen ein Zuhause gesucht. Der Kormoran nistet kolonienweise und die Paare leben auch nach der

Am Biberstau

Solch einen Baum fällt der Biber in 8–10 Minuten

Brutzeit gesellig miteinander. Sie verfolgen ihre Beute, die Fische, bis viele Meter unter Wasser. Kaum ein Fisch, vor allem nicht der Aal, entgeht ihm.

Der große Wanderer, Theodor Fontane, schreibt in seinem Buch „Wanderungen durch die Mark Brandenburg", wie er eines Tages an den Werbellinsee gelangte.

„Einladend wie der See waren auch seine Fische. Es war ein Maränensee und sehr wahrscheinlich der größte und schönste unter denen, die sich mit ihm in die gleiche Namensehre teilen. Auch schon in kurfürstlichen Tagen wußte man davon, und 1565 schrieb Kurfürst Joachim an den Magistrat zu Neustadt-Eberswalde und ordnete an: „maßen man gegen Fastelabend etzlich-vieler Fische benötigt wäre, so viele Maränen und Karpfen, als nur zu bekommen wären, in dem „Werbellin" fangen und mit zwei Pferden und Wagen zur kurfürstlichen Küche bringen zu lassen".

Schmackhafte Maränen aus dem Werbellinsee

Mit diesen Maränen ging es noch fast 300 Jahre lang, bis es plötzlich ein Ende damit hatte. Der Kormoran kam. Der Kormoran oder schwarze Seerabe, sonst nur in Japan und China heimisch, hatte auf seinen Wanderzügen auch mal den baltischen Küstenstrich berührt und es „am Werbellin" anscheinend am wohnlichsten gefunden. Denn hier war es, wo er sich plötzlich zu vielen, vielen Tausenden niederließ. Der schöne Forst am See hin bot prächtige Bäume zum Nesterbau und der See selbst die schönste Gelegenheit zum Fischen. Nun, scheint es, waren die Kormorans insonderheit auch Feinschmecker, und statt sich mit all und jedem zu begnügen, was ihnen in den Wurf kam, richtete sich ihr Begehr vor allem auf die Maräne. Sie fischten nach ganz eigentümlichen Prinzipien und betrieben den Raub nicht als einzelne Freibeuter, etwa wie Fischreiher und ähnliche auf niedrigster Stufe der Kriegskunst stehende Tiere, sondern das Geheimnis taktischen Zusammenwirkens hatte sich ihnen in seiner ganzen Bedeutung erschlossen. Sie manövrierten in Reih und Glied, und mit Hülfe iher Taucherkünste den See auch in seinen verschiedenen Tiefen, sozusagen in all seinen Etagen beherrschend, glückte es ihnen, überall da, wo sie Stand nahmen, ein lebendiges Netz durch den See zu ziehen: jede Masche ein geöffneter Kormoranschnabel. Die Fischer mühten sich umsonst, sie zu vertreiben. Es gab damals Kormorans am Werbellin wie Fliegen in einer Bauernstube, und ein paar Hundert mehr oder weniger machte keinen Unterschied. Auch der Forst litt, denn in manchem Baume hatten die Kormorans zehn Nester, und es schien nicht möglich, ihrer Herr zu werden. Da ward endlich ein Vernichtungskrieg beschlossen. Alle Förster aus den benachbarten Revieren wurden herangezogen, das Garde-Jägerbataillon in Potsdam schickte seine besten Schützen, und so rückte man ins Feld. Zuletzt waren Pulver und Blei stärker als die Kormorans, und sie blieben entweder auf dem Platz oder setzten ihren Zug in friedlichere Gegenden fort. Sind auch nicht wiedergekommen. Aber die Maränen auch nicht"

Hier irrt aber der Heimatdichter. Schon in den 50er Jahren wurden wieder Maränen in den Werbellinsee eingesetzt. Da dieser heringsähnliche, sehr fettige und schmackhafte Fisch ein Planktonfresser ist, läßt er sich sehr schwer oder überhaupt nicht angeln. So wird er mit Netzen gefangen, geräuchert und den zahlreichen Urlaubern frisch vom Räucherofen angeboten. Das geschieht in Altenhof, einem kleinen freundlichen Dorf am Südufer des Werbellinsees. Hier ist die Heimat des Fischers Jörg Radtke.

Doch zurück zu den Kormoranen. Ihre Zahl hat in den letzten Jahren

erheblich zugenommen. Die „schwarzen Seeraben" befliegen den Grimnitzsee, als auch den Werbellinsee. Im Sommer 1991 konnten bereits Schwünge 250 räubernder Kormorane gesichtet werden. Es bleibt allen Beteiligten am Streit, sich um das Für und Wider des Kormorans nach einem breiten Konsens umzusehen.

Der Biber war eigentlich schon immer an den Seen der Schorfheide zu Hause. Anfangs gibt es sogar Edikte, die Tiere zu schützen... „dass sich keiner an den Bibern je vergreife oder solche zu schiessen sich unterfangen soll...". 200 Taler Strafe drohen demjenigen, der den Biber verfolgt. Verschiedene Gründe führten aber dennoch zu einer starken Bejagung. Erstens war es das Fell, zweitens war es die Delikatesse Biberschwanz, die in Feinschmeckerkreisen sehr gefragt, drittens war es das sogenannte „Bibergeil“, eine Flüssigkeit, die aus Drüsen des Tieres gewonnen wurde und als Grundstoff für wohlriechendes Parfüm diente. Unter Friedrich II. wird dem Biber radikal nachgestellt. Er gilt als der Zerstörer der Entwässerungsanlagen und der Dämme. 1745 gilt er als ausgerottet.

Erst kurz vor dem 2. Weltkrieg (1936) werden am Pinnowsee 3 Biber aus dem Elbegebiet ausgewildert. Sie vermehren sich recht ordentlich. Heute kann man am Lubow, am Grimnitzsee, am Werbellin und an der Bugsine die Spuren des größten Nagers sehen. Man schätzt 50 - 60 Tiere, die nach wie vor auf der Liste der zu schützenden Arten stehen. Sie sind augenscheinlich auch recht dickfällig. Oft sind sie mitten in Joachimsthal am Hauptgraben, bis hin zum Feuchtgebiet am Friedhof, wo sich lange eine Biberburg befand, zu beobachten. Dort fielen aber auch einige Tiere dem zunehmenden Verkehr zum Opfer. Fährt man von Joachimsthal in Richtung Eberswalde und biegt kurz nach der Kreuzung nach Eichhorst links ab, kommt man zum Bahnhof „Werbellinsee“, den alle unter dem Namen „Kaiserbahnhof“ kennen. Überquert man die Schienen, hält sich ein wenig rechts, kommt man zum Neuen Graben, der Verbindung des Grimnitzsees mit dem Werbellinsee. Hier findet man das gewaltige Werk des Bibers. Massenweise, wie von Hand gefällt, liegen die Bäume abgenagt da. Schleifspuren weisen zum Wasser, zu seiner Burg, die sich in unmittelbarer Nähe befindet. In den letzten Jahren gab es viel Fehde zwischen den Naturschützern, den Anglern, die im Lubow schwarz angelten

Junge Fischotter

und dem Aal nachstellten, damit den Biber mit ihren Reusen gefährdeten, den Bauern der Landwirtschaftlichen Produktionsgenossenschaften, die um die Überschwemmung der Wiesen bangten, und den Fischern, die sich um die notwendige Regulierung des Wasserstandes am Grimnitzsee sorgten. Keiner weiß, wie heute der „Kampf" ausgegangen ist. Im letzten Sommer konnten Urlauber beobachten, wie Jungbiber am See sich eine Burg bauten. Da ihr Werk nicht an einem Tag zu schaffen war, lagen sie schutzlos in der Sonne; einer verschwand für immer. Die Burg wurde nicht bezogen. Mehr Schutz wäre nötig gewesen.

Noch geheimnisvoller und nachtintensiver sind die Fischotter. Kaum zu beobachten, weiß man nicht, wo sie leben. Daß es sie gibt, davon zeugen 2 in den letzten Jahren gefundene Tiere. 1990 fand man auf der Straße bei Wildau, bei den dort vorhandenen Mergellöchern ein Tier mit 7,5 kg Lebendgewicht. Erst 1991 wurde ein von einem Auto überfahrener Rüde mit stattlichen 9,5 kg gefunden.

Reges Leben in Tümpeln und Seen, Kaulquappen

Sie sind also noch da. Stören wir sie nicht. Die Natur braucht ihre Ruhe, die Tiere auch.

Die mit interessantesten Tiere der Schorfheide jedoch sind die Wildpferde, Elche und Wisente. Von ihnen sei jetzt die Rede.

Im Mittelalter waren sie zweifelsohne recht zahlreich vorhanden. Infolge unersättlicher Jagden verschwanden sie sehr bald. Nur mit Hilfe des Menschen gelang eine zeitweilige und bedingte Wiedereingliederung in den Bestand der heutigen Heide. Viele wissenschaftliche Untersuchungen haben in

Sind sich nicht grün

diesem Zusammenhang stattgefunden. Veröffentlichungen gibt es viele. Dem interessierten Leser sind sie zugänglich. Weder Raum noch Notwendigkeit lassen es zu, in diesem Buch alles zu beschreiben. Lassen wir aber einige Informationen sprechen.

1937 kamen aus dem Bestand des Herzogs von Croy bei Dühnen, in Westfalen, einige Wildpferde wieder in die Heide. Sie blieben dort bis 1945/46 und fühlten sich auch recht wohl. Während der Wirren der letzten Kriegsmonate und danach wurden die letzten bei Groß-Schönebeck von Angehörigen der Roten Armee gestreckt. Sie kamen als Abwechslung in die Feldküchen der Soldaten.

Eine weit längere Geschichte ist die Geschichte der Elche. Am Ende seiner Regierungszeit setzt der Große Kurfürst 1680 unter großem Kostenaufwand Elche aus Ostpreußen in die Schorfheide aus. Die Urkunde in freier und gekürzter Übersetzung sei hier aufgeschrieben:

„Wir Friedrich Wilhelm entbieten allen und jeden unsere Gnade und Gruß und geben hiermit gnädigst zu vernehmen.... Was gestalt wir jüngsthin einige Elends-Hirsche und Thiere aus unserem Herzogtum Preussen anhero in Unsere Churmark gebracht und sie in die freie Wildnüss zu lassen. Kein einziger soll sich, er sey auch wer er wolle, daran vergreifen. An aller Orten sollen sie ungehindert gehen. Dem Elenden, der das Gebot verletzt, drohen wir 500 Thaler Strafe an. Alle Beamten haben dabei ein wachsames Auge zu haben."

Sterne im Fehn

Elch

Nachwuchs in der Schorfheide, ca. 1934

Abkühlung nach anstrengendem Heuwenden

Friedrich III. läßt weiteres Elchwild aussetzen. Die im Forstamt Grimnitz liegenden Akten lassen den Schluß zu, daß der Elch auch weiterhin eingebürgert werden sollte. 1941 zählt man 11 Hirsche, 18 Tiere und 7 Kälber im Gehege am Pinnowsee. Von diesen hat aber keiner das Jahr 1945 überlebt. In den 50er Jahren bekam die damalige Regierung 56 Elche vom sowjetischen Botschafter Abrassimow geschenkt. Die Tiere stammten aber alle aus dem Tierpark Berlin und es gab erhebliche Schwierigkeiten, sie auswildern zu lassen. Oft mußten sie in den entlegenen Ecken der Heide eingefangen werden. Das ging soweit, daß sich Elche in die Stadt Joachimsthal verirrten und dort am hellichten Tag die Kohlköpfe aus der Auslage des Gemüseladens fraßen und vor dem Stadtcafé gesichtet wurden. Heute ist der Elch nicht mehr zu finden. Ab und zu verirrt sich einer, wie schon bekannt beim Wolf, aus Polen kommend. Dann ist allerdings alles unterwegs, um ihn zu erlegen. Wer von den Jägern wird sich wohl eine Elchtrophäe entgehen lassen wollen?

Am Ende der Betrachtung zu den Tieren in der Schorfheide sollen auch solche genannt werden, die weniger in der Historik erwähnt wurden und deshalb auch oft in der Literatur untergehen. Schwarzspecht, Buntspecht, Wiedehopf, Eisvogel, Gänsesäger, Mittel- und Zwergsäger, Haubentaucher,

Störche bei der Hochzeit

Das kann nur eine Eule – den Kopf um 180° drehen

Kreuzotter

Junge Wildenten

unten: Fasan

Saatkrähe, Dohle. Habicht, Kranich und Reiher sind ebenso zu Hause wie die rote Waldameise, der Hirschkäfer, der Dachs, der Fuchs, die Elster, der Eichelhäher, der Laubfrosch, die Kreuzotter, die Ringelnatter und die Graugans. Zu allerletzt sei daran erinnert, daß auch die europäische Sumpfschildkröte hier ihr zu Hause hat. Herr Krumnow fand bereits 1910 an Vossen's Gang nah bei Joachimsthal ein Exemplar. 30 Jahre später entdeckt derselbe an den Pinnowseen ein weiteres Tier. Ende Mai 1982 schwimmt eine im Graben der Kienbogenposse. 1990 fand man eine Schildkröte in den Ihlowbergen. Aus den recht weit voneinander entfernten Fundorten kann man sicherlich schließen, daß das Verbreitungsgebiet viele km² umfaßt. Die Zahl der Exemplare jedoch sehr gering ist.

Größter europäischer flugfähiger Vogel – die Großtrappe

Joachimsthal

Nur wenige Kilometer nordöstlich von der Bundeshauptstadt Berlin liegt das herrlich gelegene Städtchen Joachimsthal. Es besitzt seit seiner Gründung durch den Kurfürsten von Brandenburg, Friedrich Joachim, im Jahre 1604 das Stadtrecht.

Obwohl die Stadt Joachimsthal nicht mehr im Besitz der Gründungsurkunde ist, kann mit Sicherheit angenommen werden, daß sie auf Grund eines vom 1. Januar 1604 gegebenen Erlasses gegründet wurde. Gesiegelt und unterschrieben im Hoflager Cölln an der Spree vom Kurfürsten Joachim. Daher auch der Name.

Durch das Auffinden einer Privilegien-Urkunde aus dem Jahre 1672 - hier wurden die Rechte aus dem Jahre 1604 noch einmal bestätigt - ist es uns möglich, genaue Auskünfte über das Geschehen 1604 zu machen. Die Gründungsurkunde liegt also gewissermaßen als Abschrift vor:

Daraus einige Auszüge:

„Zum ersten:

„wer gründlichst Auskunft geben kann über seine Herkunft und erlerntes Handwerk ist willkommen im neuen Städtelein.“

Zum zweiten:

„soll zu jedem Haus 5 Morgen Land erblich zugeschlagen werden. Viere davon am Jägerdamm und einer über der Glashütten.“

Zum vierten:

„erhält jeder 3 Morgen Wiesenwerk, 2 im Bogen und einen übern Roten Fließ“.

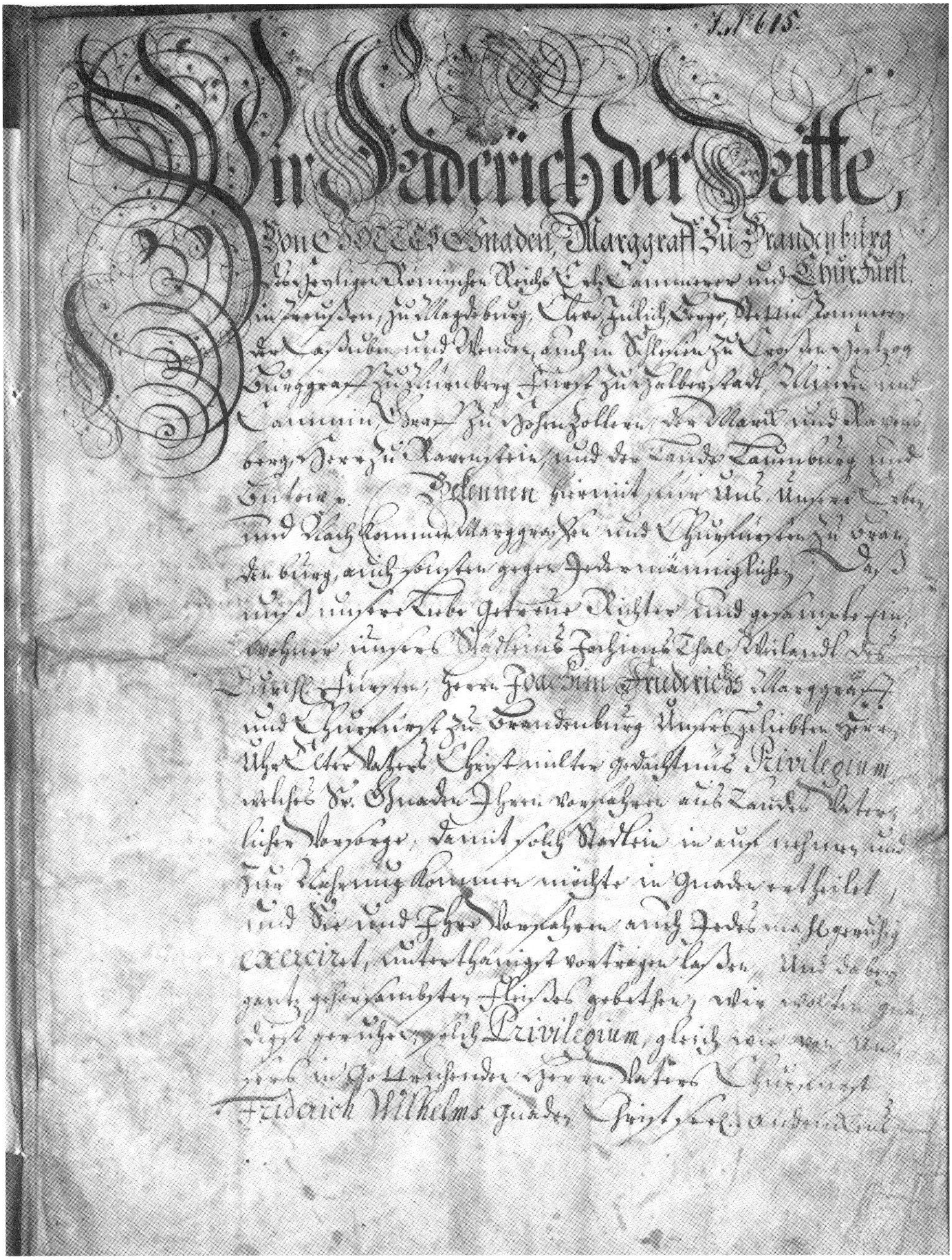

J. № 615.

Wir Friedrich der Dritte,
von GOTTES Gnaden, Marggraff zu Brandenburg
des heyligen Römischen Reichs Ertz Cämmerer und ChurFürst,
in Preußen, zu Magdeburg, Cleve, Jülich, Berge, Stettin, Pommern,
der Cassuben und Wenden, auch in Schlesien zu Crossen Hertzog,
Burggraff zu Nürnberg, Fürst zu Halberstadt, Minden und
Cammin, Graff zu Hohenzollern, der Marck und Ravens-
berg, Herr zu Ravenstein, und der Lande Lauenburg und
Bütow. Bekennen hiermit, für Uns, Unsere Erben
und Nachkommen Marggraffen und Churfürsten zu Bran-
denburg, auch sonsten gegen Jedermänniglichen, daß
uns unsere liebe getreue Richter und gesambte Ein-
wohner unsers Städtleins Joachimsthal, weilandt des
Durchl. Fürsten, Herrn Joachim Friedrichs Marggraffen
und Churfürsten zu Brandenburg, Unsers geliebten Herrn
Uhr Elter Vaters Christmilder Gedächtnus Privilegium
welches Sr. Gnaden Ihren Vorfahren aus Landes Väter-
licher Vorsorge, damit solch Städtlein in auffnehmen und
zur Nahrung kommen möchte, in Gnaden ertheilet,
und sie und Ihre Vorfahren auch Jedes mahl geruhig
exerciret, unterthänigst vortragen lassen, Und dabey
gantz gehorsambsten fleißes gebethen, wir wolten gnä-
digst geruhen, solch Privilegium, gleich wie von Un-
sers in Gott ruhenden Herrn Vaters Churfürst
Friderich Wilhelms Gnaden, Christseel. Andenckens

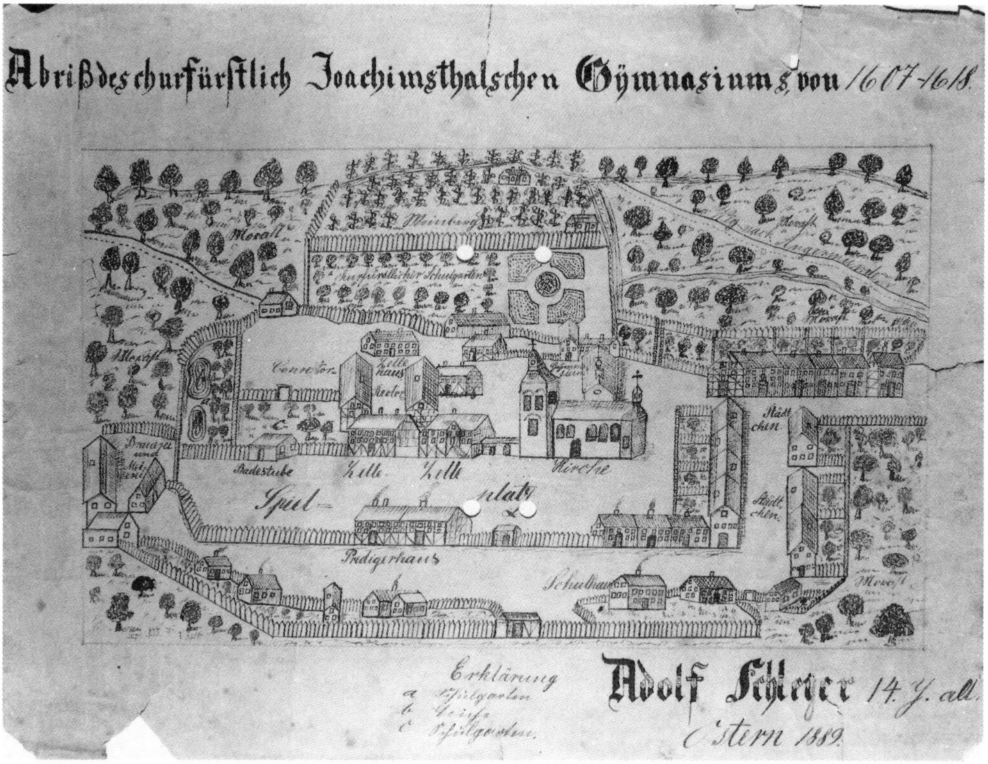

Älteste Darstellung von Joachimsthal

Dieses Land müssen die Bürger aber erst roden.

Zum fünften:

„erhält jeder Mieter unter seinem Haus einen Hofraum“

Zum sechsten:

„baue ein jeder Kohl oder Hopfen an, den Hopfen lasse er uns zum Verkauf.“

Zum siebenten:

„aber das sollen sie auch die Reiser und Zacken, so die Holzhauer und Aschebrenner liegen lassen und nicht mit entzweihauen, noch zu Asche brennen, fort und fort, daß ein dauerndes zum Brennen haben.“

Bei einer Strafe von 10 Thalern ist es verboten, die Stämme, die man für die Glashütte und die Aschebrennerei braucht, zu nehmen. Jeder Bürger hat das Recht, bis zu 15 Rinder zu halten. Allerdings nur an abgefällten Orten, Ziegen und Schafe waren nicht gestattet. Die fürstlichen Jagdgründe hätten ja leiden können.

In der Grimnitz’schen Braupfanne - heute Gaststätte Bockisch - darf jeder sein Bier selber brauen, muß aber ein Entgelt für die Abnutzung der Braugeräte entrichten. Die Einfuhr fremder Biere war nicht gestattet. „Grimnitzer Gnatzbengel“, so hieß das Bier, war billig.

Kaiserbahnhof einst und jetzt – 1910–1991

„Jeder Hausbesitzer hat dem Pfarrer und dem Schulmeister einen halben Thaler zu bringen, die ärmeren Untermieter hatten 4 silberne Groschen aufzubringen."

„Hinwieder sollen Sie uns als der Herrschaft getreu, gehorsam und gewärtig sein, unser Bestes stützen und befördern, Schaden und Nachteil aber verhüten, wie es getreuen Untertanen gebühret."

Ebenso wie in der Grimnitzer Einwohnerverfassung festgelegt, hatten die Joachimsthaler daraufhin eine Eidesschrift zu unterzeichnen, in der sie versprachen, „stets fromme und getreue Dienstleute und Untertanen zu sein"."

Wer die vom Kurfürsten erbauten Häuser bezog, sollte für 4 Jahre von allen Steuern und Abgaben befreit sein. Er hatte 20 Taler Angeld für das Haus zu zahlen und zwar in 2 Raten, die eine Hälfte Michaelis 1604, die andere Ostern 1605, außerdem 20 Taler Erbgeld. Auch ein Haus selbst konnte man bauen. Fünf Jahre steuerfrei und Holz aus den kurfürstlichen Wäldern waren die Konditionen.

Die Historiker haben immer wieder geforscht, worin wohl die Ursachen für die Gründung einer Stadt im Gebiet der Schorfheide bestanden. Dafür gibt es wohl mehrere Gründe. Erstens müssen wir davon ausgehen, daß die Anregung zur Stadtgründung vom Kurfürsten Friedrich Joachim selbst ausging. Wahrscheinlich hat er auf den Lehmbergen, da wo heute die Gesamtschule steht, den Entschluß gefaßt, im sich vor ihm ausgestreckten Tal eine Stadt mit seinem Namen zu gründen. - Joachimsthal.

Gleichzeitig gab er ihr auch ein Wappen. Das Wappen zeigt den mit einer schwarzen Krone versehenen roten brandenburgischen Adler, der auf einem blauen, bankartigen Postament steht. Auf seiner Brust trägt er die goldenen Buchstaben J.F. Damit reiht sich das Joachimsthaler Wappen in die Kategorie derjenigen Zeichen ein, die ihre Abhängigkeit von einem Städtegründer kennzeichnet. Die Initialen deuten auf den Gründer Joachim Friedrich hin, der rote Adler auf die Landeszugehörigkeit. Die Grundfarbe, der Hintergrund ist silbern. Ein Siegel ist aus dem Jahre 1720 erhalten. Es zeigt das Wappen mit der Umschrift: „Stadt Joachimsthal fundiert anno 1604“. Es dient heute dem Amt als Dienstsiegel, der hier zu sehende Kranz ist grün.

Ein weiterer Grund für die Gründung der Stadt ist so zu sehen. Es bestand für das Jahr 1601 eine Order, dem zufolge ein Ausbau der Grimnitzer Glashütte zu erfolgen hatte, die bereits um 1577 entstanden war. Für diese Glashütte rief der Landesherr Glasmacher aus Böhmen herbei. So entstand als Wohnort für die Grimnitzer Glasbläser und für ...“besonderen auch andere Handwerker“, die sich ...“mehr dordt begeben und setzen möchten...“ - nicht zu nah am kurfürstlichen Schloß Grimnitz, die Stadt.

Drittens hatte der märkische Handelsunternehmer Georg Scholle in der Grimnitzer Heide einen Großhandel mit Mastbäumen begonnen, dabei wurde er für 10 Jahre mit Großaufträgen vom Kurfürsten versorgt. So mancher Kiefernstamm nahm seinen Weg von Grimnitz als Segelmast in die Welt. Derselbe Scholle handelte übrigens auch mit Hirschgeweihen. Für den Einschlag von Mastbäumen, Abfuhr und Verflössung des Holzes benötigte er Arbeitskräfte, die hoffte er in einer neuen Stadt zu gewinnen. Der Unternehmer handelte auch mit Glas, mußte aber bald sein Geschäft aus Mangel an Krediten aufgeben.

Joachim Friedrich wollte im neuen Städtchen auch Tuchmacher aus Meißen ansiedeln. Dazu kam es aber nicht, denn sein Vertragspartner Georg Scholle

Blick auf Joachimsthal

starb 1610. Sein Nachfolger wurde Simon Vossenhall, der durch eine Fischlieferung von Maränen auf das Gebiet am Werbellinsee aufmerksam wurde. Er besaß die Pacht über die Grimnitzer Glashütte, die Grimnitzer Brauerei sowie die landesherrlichen Grundstücke und Häuser und die Gerechtsame (das sind rechtlich begründete Befugnisse und Vorrechte).

Glasstempel aus der Grimnitzer Glashütte

Noch 1606 ließ er einen Triebmacher (Samtmacher) aus Hamburg in Joachimsthal ansiedeln.

1617 besaß der gebürtige Niederländer Gebäude der Stadt. Der Name für einen Weg „Vossens Gang" erinnert noch heute daran.

Neben diesen handfesten wirtschaftlichen Interessen bei der Gründung Joachimsthals spielte auch die beabsichtigte Gründung einer Fürstenschule eine Rolle. Diese wurde am 23./24. August 1607 unter dem Namen „Joachimsthal'sches Gymnasium" eingeweiht.

Joachim I. hatte im Jahre 1506 die Universität zu Frankfurt/O. gestiftet. Sie hat zu jener Zeit eine bedeutende Rolle gespielt. Es zeigte sich aber bald, daß

eine solche Einrichtung nur dann den erhofften Nutzen bringen konnte, wenn die dort Studierenden in guten Vorbereitungsschulen gelernt hatten.

Die innere Verfassung und der Zustand der damaligen Schulen in der Mark Brandenburg war höchst elend. Zum anderen mag wohl das Vorbild schon existierender Fürstenschulen in Meißen, Pforta und Coburg, Anlaß gewesen sein, eine „Vorschule für getreue, geschickte und gelehrte Kirchen-, Schul- und Staatsdiener für Brandenburg“ zu schaffen.

Kreuzkirche Joachimsthal, Schinkelbau

Die „Stiftungsurkunde“ unterzeichnet, geschehen und gegeben zum Grimnitz am Tage Bartholomaei, war der vier und zwantzigste Augusti im Eintausend Sechshundert und Siebenten Jahre“ ist unterschrieben vom Kurfürsten.

Sie stattet die Fürstenschule mit vielen Rechten und Mitteln aus. Durch die Zeichnung eines Schülers aus dem Jahre 1608 ist uns die ursprüngliche Ansicht der Schule und darüber hinaus das Stadtbild dieser Zeit gut bekannt.

In der Tat hat der Kurfürst die Schule mit vielen Mitteln zur Aufrechterhaltung des Schulbetriebes ausgestattet.

"Vor Erst das gesamte Haus in Joachimsthal“

„Zum anderen haben Wir zu einer Bibliothec, vermöge eines Inventarii allerley nützliche Bücher verordnet“

„Zum dritten weiset der Churfürst der Schule die sechsprozentigen Zinsen von einem Kapital von 40000 Rthlr. an.“

„Zum vierten soll der Ambtsschreiber der neuen Papiermühle zu Zehdenick jährlich 300 Rthlr. an die Schule entrichten, hinzu kommen 3 Ballen Schreibpapier.“

„Zum Fünften statten wir die Schule mit Grundbesitz aus dem Kirchengut Joachimshof, aus den Stiftsgütern Neudorf, Golzow und Seehausen (Kreis Angermünde, der Verfasser) und aus dem Schulamtsgut Blankenburg aus.“

„Zum Sechsten haben die Adligen jährlich 50 Ochsen zu stellen.“

Das Pfarrhaus

Einstige Wasserversorgung in Joachimsthal, liebevoll restauriert

„Zum Siebenten geben wir den Aalkasten am Grimnitzsee, den Dellen, bei de Prussnick, und Helffte des Werbellins nach den alten Hoff warths frei Fische zu fangen.“

„Fürs Achte geben wir das Vorwerk zu Joachimsthal und Grimnitz“.

„Fürs Neunte das Gut Dambeck bei Salzwedel“.

„Fürs Zehente“ schenkte er der Schule etliche Tausend Taler, die er bei denen von Wulffesburg auszustehen hatte.

„Zum Elften freyes Brenn- und Bauholze soviel nötig“.

„Zum Zwölften“ stellt er Fuhrwerke zur Verfügung.“

In den Wirren des 30jährigen wird die Schule zerstört. Trotz eines Schutzbriefes des Schwedenkönigs Gustav Adolf erfolgte am 17. März 1631 die Plünderung durch den „Herrn Steingrafen Leutnant Han von Bremen“, der in schwedischen Diensten stand.

In einer anderen Quelle heißt es dazu: „1636, in der Nacht vom 5./6. Januar überfielen verkappte Reiter die Stadt. Sie wurden aber von den Heidereitern, dem Schulgesinde, Lehrern und Schülern zurückgedrängt. Aber gegen Morgen wiederholten sie den Angriff und plünderten die Stadt aus.

Alles und jedes wurde aufgehauen und zu Schaden gemacht, keine Tür, keine Menschen und kein Gotteskasten oder Altar wurde zufrieden gelassen.

Schule und Städtlein wurden bis auf den Grund zerstört und geplündert.“ Diese Nachricht ist gegeben am 7. Januar 1636 in Angermünde, so daß wir annehmen können, daß der Rest der Einwohner dorthin geflohen war.

Georg Wilhelm gewährte nach der Zerstörung einige Privilegien, um die Bewohner für einen Neubau anzuspornen.

Die geplante Neugründung in Dambeck bei Stendal wurde verworfen, aber sie war „nicht dienlich praeceptares und Schülern bei das Kloster mit Jungfern zu logieren“.

So kam das Gymnasium nach Berlin, später nach Templin, wo es jungen Pädagogen als Ausbildungsstätte diente (Lehrerbildungsinstitut).

Viel ist über das Joachimsthalsche Gymnasium geschrieben worden. Interessierte können sich weiteres Material darüber verschaffen. Erwähnt sei aber noch eine Denkschrift der Vereinigung, „Alter Joachimsthaler“ e.V.

Der Vorsitzende dieses Vereins, Herr Rechtsanwalt Prof. Arved Deringer aus Köln, schreibt hier unter der Überschrift „Das Joachimsthalsche Gymnasium in Templin in der Uckermark - Vergangenheit, Gegenwart und Zukunft!“

„Das Joachimsthalsche Gymnasium hat den 30jährigen Krieg, den wiederholten Wandel der bildungspolitischen Vorstellungen in den Jahrhunderten, den Umbruch nach dem ersten Weltkrieg und das Dritte Reich überstanden; es ist erst von den Sowjetrussen seiner materiellen und geistigen Existenzgrundlagen beraubt und von einer totalitären, kommunistischen Regierung aufgelöst worden. Es wäre unverständlich, wenn eine demokratische Regierung dieses Ende einer Schule dulden würde, die mit der geschichtlichen Identität des Landes Brandenburg eng verbunden ist und die eine Ausstrahlung weit über Brandenburg hinaus auch in den europäischen Osten hatte und wieder haben könnte. Es sollte deshalb von den zuständigen Gremien des Landes Brandenburg sowie des Kreises und der Stadt Templin zunächst und möglichst bald die Grundsatzentscheidung getroffen werden, ob das Joachimsthalsche Gymnasium, wenn auch in einer gewandelten Form, doch möglichst in seinen erhaltenen vorbildlichen, heute denkmalgeschützten, Räumlichkeiten, wiedererrichtet werden soll."

Dem ist eigentlich nichts weiter hinzuzufügen als der Satz „Könnte nicht auch das Gymnasium eines Tages wieder an seinen ursprünglichen Ort zurückfinden? Denkbar wäre das.

Die Leiden und die Not des 30jährigen Krieges (1618-1648) gingen auch an Joachimsthal nicht vorüber. Kurfürstliche Werber lockten die Jugendlichen in den Krieg. Verwilderung der Sitten und Armut breiteten sich aus. Durch Plünderungen wird den Einwohnern das Letzte genommen. Der Kirchendiener schreibt: „Mein Einkommen ist so gering, daß ich mit meinem Weibe und den vier kleinen Kindern nicht das liebe Brot habe, und ich mir nun fast nicht mehr ein paar Leinwante Strümpfe oder ein Paar Schuhe, viel weniger etwas anderes am Leibe erzeigen kann, ja meine ältesten Kinder können wegen großer Blöße und Dürftigkeit nicht in die Kirche gehen."

Die Mächtigen trugen wieder einmal, wie so oft in der Geschichte, ihre Machtkämpfe auf dem Rücken des einfachen Mannes aus.

Noch aus einem Brief zitiert: „Zu Mittag zu Zeigers eins kam wieder eine Rotte von 20 Reitern. Die Knaben, denen Hand und Mut bald sanken, wurden zuerst ergriffen, ausgezogen und gezwungen, ihnen überall auf die Frage Nachricht und Anweisung zu geben. Darauf sie eine allgemeine Plünderung in großer Gier vorgenommen aus unersättlicher Goldes Begier auf uns geschlagen, uns in den Köpfen wundgehauen und manch Herzen mit bloßem Degen und Pistolen gestoßen.

Gestern zwischen 10 und 11 vormittags haben sie in viel größerer Menge nicht allein die Schule und das Städtelein sondern auch noch die Heide beritten, daß Niemand aus noch ein gekonnt, überall geplündert, und wie sie voll gewesen - bei hellem Tage, auf den Gassen das einheimische und von vielen anderen Orten dahin geflohene Weibsvolk, Mägdelein und Kinder zusammen wie das Vieh getrieben und öffentlich zu schänden angefangen. Es war ein solches Wehklagen, Jammer und Zetergeschrei gewesen, daß mans von Weiten hören können.“

Interessant ist dabei die Tatsache, daß Joachimsthal für viele Einwohner der anliegenden Ortschaften (z.B. Lichterfelde, Neustadt, Eberswalde, Glambeck) Zufluchtsstätte war.

Der Grund lag nicht etwa in der Sicherheit einer gut befestigten Stadt (Joachimsthal hat nie eine Stadtmauer gehabt), sondern in der Tatsache, daß unsere Vorväter zwei wichtige Schutzbriefe vorweisen konnten. Einer war, wie bereits erwähnt, von Gustav Adolf, der andere vom Kurfürsten Georg Wilhelm persönlich unterzeichnet. Als „treuer Untertan sah man keinen Grund des Zweifels an die Werte und Versprechungen des Landesherren.“ Man fühlte sich also hier sicher.

Gaststätte am Kaiserbahnhof, wurde ein Opfer der Flammen

Joachimsthaler Zeitung

General-Anzeiger für Joachimsthal u. Umgegend

Die „Joachimsthaler Zeitung" erscheint wöchentlich dreimal, Dienstags, Donnerstags und Sonnabends. Bezugspreis monatlich 1 *RM.* Alle Postanstalten nehmen Bestellungen entgegen. — Im Falle höherer Gewalt, Betriebsstörung usw. hat der Bezieher keinen Anspruch auf Lieferung oder Nachlieferung der Zeitung oder Rückzahlung des Bezugspreises.

Anzeigen kosten bei 46 mm Breite je Millimeter Höhe 4 Pfg., im Textteil (90 mm Breite) 12 Pfg. Nachlaß gemäß Tarif. Für Richtigkeit telef. aufgegebener Anzeigen, sowie für Erscheinen an bestimmten Tagen wird keine Gewähr übernommen. Schluß der Anzeigenannahme 10 Uhr vorm., f. größ. früher. — Postscheckk. Bln. 56961. Fernruf 11.

Amtliches Publikationsorgan der Stadt Joachimsthal.

Nr. 113 | Joachimsthal, Donnerstag, den 27. September 1934 | **46. Jahrgang**

H.-L.

Sonnabend, den 10. Oktober, abends 8½ Uhr,

Das Riesenfilmwerk:

Die weiße Schwester

11 gewaltige Akte mit **Lillian Gish**

Der Regisseur King hat diesen auserwählten Film mit prächtigen Aufnahmen ausgestattet und für eine stimmungsvolle Aufführung gesorgt.

Der Ausbruch des Vesuvs, ein Bilddrama von hinreißender Kraft!

Dazu: **„Nordlandsfahrt deutscher Kriegsschiffe"**
ein hochinteressanter Flottenfilm,
und **Deulig-Wochenschau**

Als Extraeinlage
Uraufführung des Films:

Reichspräsident Hindenburg in Joachimsthal

Um einen Teil der enormen Unkosten zum Hindenburg-Film zu decken, **habe ich die Eintrittspreise zu diesem Tage um 10 Pfg. pro Platz erhöht. Sperrsitz** 80 Pfg., 1. Platz 70 Pfg.

Adolf Blumenthal

Da mit einem starken Besuch zu rechnen ist, weise ich besonders auf den Vorverkauf hin.

Hindenburg in Joachimsthal

Als der Krieg vorbei war, blieb der Stadt Joachimsthal wenig, als einziges intaktes Bauwerk hatte die Kirche das Inferno überlebt. Über Jahre hinaus blieb der Acker unbestellt. Es fehlte an Arbeitskräften.

Als ausgesprochene Ackerbürgerstadt waren die meisten Einwohner kleine Bauern. Die Entwicklung ging langsam vonstatten.

Eine kurze Statistik soll das zeigen.

Jahr	Wohnhäuser	Einwohner
1604	20	160
1722	38	370
1730	124	557
1740	151	896
1750	169	1160
1800	184	1181
1816	196	1091
1864	212	2254
1900	267	2510
1945	412	3220
1978	602	3520
1991	637	3015

Ein märkischer Steinriese.

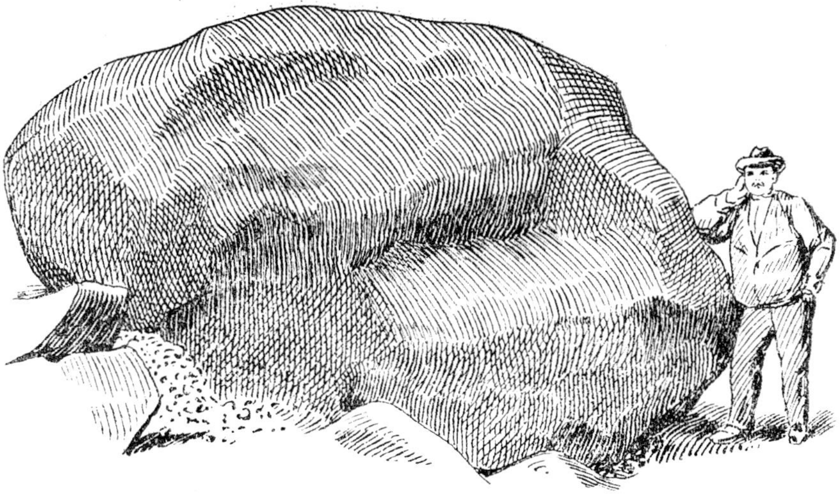

Vorstehend bringen wir unsern Lesern eine Abbildung des kürzlich hier aufgefundenen Steinriesen; die gewaltigen Abmessungen des Steinblockes sind aus dem Vergleich mit dem danebenstehenden Mann deutlich erkennbar.

Es ist überaus erfreulich, daß durch die Opferfreudigkeit der Bürgerschaft dieses einzigartige Naturdenkmal unserer Stadt dauernd erhalten bleiben wird. Wir werden damit unsere Stadt um eine Sehenswürdigkeit bereichern, wie sie wohl kaum eine zweite aufzuweisen hat. Erratische Blöcke von ähnlicher Größe finden sich zwar noch mehrfach in der norddeutschen Tiefebene verstreut, aber niemals innerhalb des Weichbildes einer Stadt. Der Transport dieses Steins wird in den nächsten Tagen vor sich gehen und für sich allein schon eine Sehenswürdigkeit sein. Dank der außerordentlichen Bereitwilligkeit der staatlichen Behörden ist es uns gelungen, die zum Transport der Riesenlast erforderlichen Hebewerkzeuge zu beschaffen. Der Stein wird zunächst etwa zwei Meter gehoben, dann auf ein Holzgerüst gebracht und mit diesem auf untergelegten Rollen und Balken mittelst Winden weitergeschoben. Zur Aufstellung des Steins, der übrigens an Ort und Stelle noch emporgerichtet werden wird, hat die Stadt die Parkecke am Joachimsplatz bestimmt. Hier ist er von allen Seiten frei sichtbar und erhält durch die dahinterliegenden Bäume einen wirkungsvollen Hintergrund.

Aus der Joachimsthaler Zeitung

In den Steingruben

Joachimsthal (Uckm.)
(Luftkurort)
Naturdenkmal
1813-1913

Daneben gab es natürlich verschiedene Handwerker, die sich den Bedürfnissen und Rohstoffen entsprechend angesiedelt hatten. An 1. Stelle sind hier die Arbeiter, die mit der Glashütte zu tun hatten, zu nennen. Die 1. Glashütte in brandenburgischen Landen war die Grimnitzer Glashütte, deren Stand am Ufer des Grimnitzsees angegeben wird. Von Mittwoch nach Johannes Baptist 1601 ist der in Schloß Grimnitz ausgefertigte Urkundenentwurf datiert. Martin Friedrich wird der 1. Pächter und Glashüttenmeister.

Der Grund einer solchen Hüttengründung war, die Kurmark von der Einfuhr fremder und teurer Glaswaren unabhängig zu machen. Die Aufgabe des Friedrich war: „Maler und Gesünde" beaufsichtigen und anhalten und daß sie „alles daßjehnige, waß ihnen ohn allerley orth saubern Trinkgeschirren, Scheiben, Flaschen, Destillierglasen" aufgegeben wird „Fein reinlich und zierlich vorfertigen." Im Frühjahr 1602 soll die Hütte in Betrieb genommen worden sein. 8 Glasmacher aus Böhmen stellen Glas her. Einer von ihnen, genannt „Mann Gottes", war nur für Glasscheiben verantwortlich.

Pusekel, Michael Pfohl, Plaster Hans, Martin Seidler und Rothe stellen die „gemeine Gläser" her. Adam Schyritz, Christoph Friedrich die besseren wie geschnürte Gläser, Landsknechte, Jungfern, Violen, Herzknöpfchen mit Hähnchen und Hirschen. Damit ist die Auswahl aber noch nicht erschöpft, denn wir hören noch von den Arbeiten des Malers an Wappengläsern, Schiltgläsern, Flaschen, Luntzen und vergoldeten Gläsern. Weiter heißt es: diese 1. Glashütte ist „wegen übermäßiger Verwüstung der Wildbahnen und Herden, und aus anderem mehr bewegenden Ursachen" im Jahre 1607 abgebrochen und der ganze Betrieb nach dem Amt Marienwalde in der Neumark verlegt worden. Bald werden in Althüttendorf (bis 1792) in Senftenhütte, Chorin und Neue Hütte Glashütten angelegt.

Die arbeitslosen Glasmacher zogen mit.

Judenfriedhof
in
Joachimsthal
hist. Aufnahme

Soweit die Geschichte der angeblich ersten Grimnitzschen Glashütte. Doch ist damit noch keine Aufklärung geschaffen über die Behauptung des kurfürstlichen Leibarztes Thurneißer, der 1577 schreibt, daß verschiedene Kristallgläser in seinem Besitze aus der Grimnitzer Glashütte stammten und daß er öfter in Grimnitz anwesend war, um die Aufsicht über die Hütte zu führen, welche dann weißeres und besseres Glas lieferte als vorher. Danach müßte eigentlich schon vor 1602 eine solche bestanden haben. Wie dem auch sei, fest steht, daß die Anfänge Märkischer Glasindustrie in Joachimsthal und Umgebung lagen.

Nach Brand und Umbau heute Haus am Werbellinsee

Blick von der Rektortreppe

Da ab 1782 die Glashütten in der Mark Brandenburg mit Steinkohle beschickt werden, entfällt für viele Bauern der notwendige zusätzliche Verdienst aus dem Fuhrlohn für das Heranschaffen des Holzes.

Neben den Arbeiten der Glashütte verdiente ein Teil der Joachimsthaler sein Geld als Aschebrenner, Teerschweler und Holzköhler. 1771 finden wir im Ort noch 3 Pottasche-Siedereien, die große Mengen Laubholz verbrannten.

Thoden van Velzen,
Arzt und einziger
Ehrenbürger der Stadt

Althüttendorf

Zwischen der Autobahn Berlin-Stettin und dem Grimnitzsee liegt der Ort Althüttendorf. Wie der Name schon sagt, gab es hier in alter Zeit eine Hütte und zwar eine Glashütte. Sie stand in der Nähe des Friedhofes. Glasscherben und Schlackereste sind Zeugen ihres einstigen Daseins. 1653 wurde sie eingerichtet. Schlesische Glasmacher stellten Fensterglas und Flaschen her. Als die Schweden in Brandenburg 1674/75 einfielen, machte in Folge der gefährdeten Tributionen die Hütte Pleite. Sie wurde zur Ruine. 7 Jahre später haben die kurfürstlichen Behörden eine neue Hütte direkt im Walde errichtet. Die Bewohner blieben jedoch in ihren alten Häusern wohnen, so kam Althüttendorf zu seinem Namen.

100 Jahre nach dem Aufbau der Glashütte, auf dem jetzigen Territorium von Althüttendorf, leben dort: 12 Glasmacher, 1 Schraubenmacher, 1 Holzhauer und Pottaschenbrenner, Fuhrleute, Handwerker in der Hütte, ein Krieger, 1 Schmied, 1 Müller, 25 Tagelöhner, 3 Hirten, 1 Schneider, der gleichzeitig Lehrer war (insgesamt 380 Personen). Friedrich II. siedelte 5 Familien und 11 Invaliden aus preussischen Regimentern an. Als auch die neugebaute Hütte einging, zogen viele Althüttendorfer der Arbeit hinterher und gingen nach Neuglobsow bei Rheinsberg. Die Daheimgebliebenen arbeiteten im Forst, nutzten als Bauern die landwirtschaftliche Ackerfläche, bauten Tabak an.

Ein gesunder, mittlerer Bauernstand entwickelte sich. Es gab lediglich einen Großbauern, der mehr als 100 Hektar Land besaß. In den Anfängen unseres Jahrhunderts um 1910 fanden viele Brot und Arbeit in den Steingruben und in Baumanns Schotterwerk, die die aus den Ihlow-Bergen mit einer

Kleine und Große Bugsine, im Hintergrund der Grimnitzsee

Feldbahn herbeigeschafften Steine verarbeiteten. Es war eine schwere Arbeit- die Steinschlägerei. Heute ist dieser Beruf ausgestorben, die nicht mehr rentablen Steinbrüche wurden Ende der 60-er Jahre geschlossen. In der Gegenwart baut man bei Althüttendorf Sand und Kies für die Bauindustrie ab. Bei Abbauarbeiten wurden eine Menge Funde gemacht, die den Schluß zulassen, daß die Gegend von „Ollehütte“ schon in der Bronzezeit besiedelt war. Die Kirche wurde zwischen 1803 und 1810 erbaut. Sie ist einfach. Ein rechteckiger Feldsteinbau mit einem Bretterturm-jetzt wird hier gerade restauriert.

Die Althüttendorfer besitzen noch eine gut erhaltene Bockwindmühle aus dem Jahre 1829. Sie steht weithin sichtbar für den Wanderer am Grimnitzsee. Genauso stolz schaut auch die mächtige Gründungseiche auf dem Friedhof ins Land.

... zu den Wolken

Altenhof

Die Geschichte des Werbellinseedorfes Altenhof liegt noch heute im dunkeln. Schon vor 4.000 - 5.000 Jahren müssen, so beweisen es die Funde, Menschen hier gewohnt haben. Eine Steinaxt aus der Kultur der Oderschnurkeramik und einige Scherben aus bronze- und eisenzeitlicher Epoche weisen darauf hin. Wie bereits erwähnt, standen hier im 13. und 14. Jahrhundert die Mauern der Werbellinburg Breden.

1572 hatten die jagdfreudigen Kurfürsten ein Jagdhaus beim „Alten Hoff" angelegt. Es umfaßte das neue Haus, einen Marstall und ein Heidereiterhaus. Ein Tonnengewölbe im Hof der Försterei hat sich erhalten.

Wie so oft in der Mark sind es wieder die preußischen Herrscher, die die oft verfallenen Dörfer und Wüsteneien wieder aufblühen ließen. So ließ Friedrich II. 1748 ein Büdnerdorf anlegen. In der Nähe der alten Ruinen baute sich der Musketier Martin Bergemann mit seiner königlichen Majestät Bewilligung ein Häuschen. Freijahre ließen ihn zu einem angesehenen Mann werden. Dieses Anwesen war später der „alte Gustav Werdemann'sche Gasthof", der 1877 abbrannte und danach neu entstand.

Jugendherberge „Brunoldhaus" in Altenhof am Werbellinsee

Süßer Winkel

Strandpromenade von Altenhof

Blick auf Altenhof

1774 zählt man im Kirchenbuch 9 Büdner und Halbbüdner und 20 Häuser, insgesamt 70 Einwohner. Sie alle lebten vom Fischfang und der Waldarbeit. Enge Verbindungen bestanden zu den Dörfern Lichterfelde und Werbellin.

1888 bekommt der Ort eine Schule. Bekannt, anhand von Urkunden, ist auch die Folge der Bürgermeister. Erster Dorfschulze war Ferdinand Poppe. Es folgten Texheimer, W. Schultze, von 1887 - 1911 war es Gustav Heide, danach der Bauunternehmer August Poppe. In diese Zeit fällt auch der große Aufschwung, Altenhof zum beliebten Urlauberort für die Berliner zu machen. Noch heute kommen zahlreiche Urlauber mit Pkw und Bussen, um die Gemeinde und ihren jetzigen Bürgermeister, Herrn Gärtner, zu besuchen. Altenhof ist immer einen Besuch wert. Herrlich am klaren Werbellinsee gelegen, bietet es für jeden etwas. Mit dem Fahrgastschiff „Altwarp" der Joachimsthaler Reederei Wiedenhöft, vormals Bade, kann man von hier den See befahren.

Wildau

Die Geschichte des kleinen Ortes Wildau am westlichen Ende des Werbellinsees ist eng verbunden mit der Geschichte der Kalkbrennerei in der Schorfheide. Die Alten berichten von einem „alten Kalkofen“ mit Ziegelei und Gaststätte (Gasthaus) am Werbellinsee. Er wurde wohl schon um 1470 auf dem Gelände der späteren Ziegelei Rothe, nahe Grimnitz, angelegt.

11 Jahre später klagt aber schon der Pächter Abraham Heimeyer, daß es an Kalkerde fehle. 1820 wird die königliche Ziegelei zur Herstellung von Mauersteinen für die Schleusen gegründet. Die lieferte auch Steine nach Berlin.

1828 entstand Wildau. Durch den Kauf der „faulen Wiesen“, direkt am Wasser, durch den Unternehmer Buschius entstanden innerhalb von 2 Jahren auf den höchsten Stellen der Seebordwiesen Gebäude. Die Keller blieben vom Grundwasser nie verschont und die in die Erde eingebauten Ziegelöfen waren stets feucht. Der Mühlenmeister Schottler ließ mit „Gewalt“ Wasser ab, um es zu regulieren. Der Wildauer „neue Kalkofen“ stellte Mauer- und Dachsteine aus Wiesenkalk, der an Ort und Stelle gefunden wurde, her. Dieser hydraulische Kalk fand beim Putzen des Berliner Zeughauses und des alten Museums Verwendung. Die nachfolgenden Besitzer Winkler mischten dem Kalk Ton zu und stellten in besonderen Öfen Portlandzement her. In den Gründerjahren, der Blütezeit Wildaus, verkaufte man immerhin jährlich 750.000 Ziegelsteine und Drainagerohre sowie 60.000 Faß Zement. Als der Unternehmer Adler die Anlage übernahm, kamen schwere Zeiten. Rüdersdorf bei Berlin baute 3 große Zementfabriken. Die Produktion war billiger. Adler gab Wildau auf und produzierte in Rüdersdorf weiter. Der Flecken Wildau wurde an den Fiskus verkauft. 300 Arbeitskräfte waren ohne Arbeit und zogen in die Ferne. Bis in die jüngste Vergangenheit war „Café Wildau“ ein beliebter Ausflugsort und Anlegeort für die Schiffahrt auf dem Werbellinsee. Aus ungeklärten Gründen wurde „Café Wildau“ anläßlich eines Staatsbesuches dem Erdboden gleichgemacht. Schade eigentlich, „hier war es immer lustig“.

Libellen

Eichhorst

Am Ausgang des Werbellinsees liegt inmitten eines der schönsten Ecken märkischer Heide, am Werbelliner Kanal, das Walddorf Eichhorst.

„Bis zum Jahre 1878“ führte die Siedlung den Doppelnamen „Holländische Papiermühle“ und „Werbelliner Kanal Kolonie“. Danach heißt sie Eichhorst.

… gab dem Ort den Namen

Nördlich vom Werbellin

Berghaus, der Verfasser des „Landbuches der Mark Brandenburg“ schreibt über die Siedlung: „Am Werbelliner Fluß gründete Friedrich Wilhelm der Große durch einen Papiermüller aus den Niederlanden, woselbst die Papierproduktion den höchsten Grad der Vollendung in jener Zeit erstiegen hatte, die holländische Papiermühle, bei der, als sein großer Urenkel König Friedrich II. das Fließ schiffbar machen ließ, 1766 eine Kolonie angelegt wurde. Sie wird nach der Mühle, aber auch Werbelliner-Kanal-Kolonie genannt. Gleichzeitig entstand eine kleine Kolonie „Rosenbeck“ an der zweiten Schleuse des gedachten Kanals.“ Die Namen der Holzablagen „Aalkastenbrück“ und „Bekenbrück“ deuten noch heute die Stellen an, wo das Fließ und auch der Kanal einst überbrückt waren.

Der erste preußische König läßt bereits 1709 seinen Gründungsgedanken freien Lauf - „wir wollen eine Papiermühle auf holländische Art allhier anlegen“.

Ein Jahr später wurden 40 Soldaten zum Baugelände kommandiert. 12 Monate Bauzeit verstreichen und die Papiermacherei beginnt. Das Geschäft muß gut laufen, denn schon wenig später wird die Papiermühle erweitert und für 6 Jahre dem Papiermacher Paul Lange überlassen. Er legt sie aber einstweilen still.

Die Fürstenkammer wollte die Anlage einebnen lassen und lieber eine Wassermühle daraus machen. Der Kurfürst schenkte sie 1726 dem Buchhändler Rüdiger. 7 Jahre später wird Samuel Friedrich Schottler Besitzer der Mühle, der auch gleichzeitig Schleusenmeister der 2 Schleusen des Werbellinkanals wird.

Schleuse in Eichhorst – heute nur noch für Freizeitkapitäne

Der Werbelliner Kanal wurde viel befahren. Die Steingruben bei Joachimsthal lieferten Pflastersteine für Berlin und andere Städte. Die Papiermühle selbst war eine oberschlächtige. Gegen das Wasserschaufelrad drückte bei einer Höhe von etwa 2 Metern das Wasser von oben und setzte es vorwärts in Bewegung. Auf dem Mühlengrundstück waren mit den Jahren neben der Mühle das Herrschaftshaus, Arbeiterhäuser, Wirtschafts- und Stallgebäude entstanden.

Hergestellt wurde grobes, gelbes Schreibpapier. Die Lumpensammler aus dem Ort durchzogen die Nachbardörfer und lieferten die Lumpen auf der Mühle ab. Der Zentner „feine Lumpen“ brachte 1 Thaler 12 Groschen; für die groben und nicht sortierten gab es 1 Thaler. An der Mühle befand sich ein großes Eichenbrett. Daneben hing ein großer Knüppel. Mit ihm schlug der Meister gegen das Brett, wenn die Arbeit begann. Zur Mittagspause und zum Feierabend ebenfalls. So blühten in der Heide bescheidene Werke in Industrie, Handel und Gewerbe.

Dem Wanderer, der von Neustadt-Eberswalde über Lichterfelde zum Werbellinsee strebte, begegnete oft der bekannte Planwagen, der das Papier in die Stadt brachte. Der von Ochsen gezogene Wagen wurde durch den Sand förmlich festgehalten. Der Teerpott durfte nicht vergessen werden, denn zu oft liefen die Holzachsen heiß. Im Ort gab es weder Kirche noch Schule. Alles wurde von Groß-Schönebeck betreut. Das Leben in der Kolonie am Kanal lief geordnet ab. Das Holz für neue Kolonistenhäuser kam aus der Schorfheide. Jeder Kolonist erhielt ein viertel Haus. Seinen Hof hatte er über der Straße. Das Haus war ein Fachwerkhaus mit Lehmstaken und Strohdach. Gemeinsam war für je zwei Familien der Hauseingang. Die Haustür war eine sogenannte „Kiekdöre“. Sie war zur Hälfte waagerecht geteilt, beide Teile wurden getrennt. Die obere Tür blieb in der Regel zu, während man durch die untere in gebückter Haltung aus- und einging. Die Hausbewohner waren solches gewohnt. Freunde holten sich oft eine blutige Nase. In der Stube stand der große Ofen aus Mauersteinen. Alljährlich erhielt er einen neuen Anstrich (von Ochsenblut). Um den stand die Ofenbank. Hinten war die „Hölle“. Neben dem Ofen befand sich der Kamin. Hier wurde gekocht, des abends brannte der Kamin. Im Schornstein hingen Schinken, Wurst und Speck. Die Würste wurden sorgsam gezählt. Es soll vorgekommen sein, daß der Schornsteinfeger öfter eine mitgehen ließ. Hinter sein Schelmenstück kamen die Leute nicht. Er brachte nämlich eine kleine Wurst mit und vertauschte sie mit einer größeren. Die Zahl stimmte immer. In jeder Straße stand ein Brunnen, der das erforderliche Wasser lieferte. Stolz war man darauf, daß man in „Reihe“ wohnte. Jeder hatte vor seinem Haus ein Gärtchen und die Straße. Es gibt bis heute eine erste (westliche) und eine zweite Koloniestraße im Ort.

Nicht unerwähnt soll der Gasthof „Zum grünen Baum“ sein. Der letzte Gastwirt, ein gewisser Keil, hatte wohl wenig Geschäftssinn. Er hieß im Volksmund ... „Gasthof zur lahmen Laus, vorne `rein und hinten ‘raus.“ Der Spottvers bezog sich auf den kurzen Aufenthalt der Gäste, die sich beim Wirt nicht mehr wohlfühlten. Nur Bettelleute, Handwerksburschen und anderes „Gesindel“ suchten den Krug zuletzt noch auf. 1871 geht der Krug an die Familie Gerlach über.

1877 wird die alte Papiermühle durch eine Korn- und Sägemühle ersetzt. Die Bauakten geben eine genaue Beschreibung. Der Wasserspiegel des Werbellinsees hatte sich jedoch stetig gesenkt. Dadurch wurde der Kanal oberhalb der Schleuse zu flach. Das erschwerte die Schiffahrt. Oft saßen die Kähne fest. Der Besitzer der Mühle trug natürlich auch sein Scherflein dazu bei. Schon gab es Ärger mit der Obrigkeit. Er veräußerte seinen Besitz an den Staat. Forst- und Wasserfiskus teilten sich das Land. Das Möllerland wurde aufgeforstet. Der Schleusenmeister sicherte sich den Rest. Die Kolonisten verzichteten auf die Raff- und Leseholz-Gerechtigkeit und erhielten Abfindungsparzellen. So entstand 1879 ein neuer Ortsteil. Jetzt wurden Mühle, Wohnhäuser und Wirtschaftsgebäude abgerissen. Im Aus- und Umbau des heutigen Forsthauses sehen wir das letzte aus der Zeit der alten Mühlenherrlichkeit. Nur das Freiwasser der Arche läuft noch immer den alten Weg des Fliesses, vorbei an alten Buchen, die, könnten sie sprechen, sagen:

„Der Mühle Glück kam langsam -
schnell der Mühle Ende.“

Karl Thiede machte auch dann den Vorschlag der Ortsumbenennung.

„Hiet die Fiersterei „Eichheide“,
kann unser Dörp och Eichhorst heten“,
soll er damals gesagt haben.

Groß-Schönebeck

Wie viele Städte und Dörfer in der Mark, so ist auch Groß-Schönebeck im Schutze einer Burg entstanden. Die Burg Groß-Schönebeck ist einzuordnen in die Reihe der Burganlagen, die von Spandau über Liebenwalde, Zehdenick, Eberswalde bis an die Oder angelegt wurden. Es war die Regierungszeit der Askanier Otto II. (1184 - 1205) und Albrecht II. des Bären (1205 - 1220).

Schon zeitig müssen sich Handwerker, Händler und Bauern im Bereich der Burg angesiedelt haben, sie nutzten dabei eine kleine Anhöhe, die aus dem

Kirchenportal

Pfarrhaus im Herbstschmuck

moorigen Gebiet herausragte. Die Herkunft des Namens ist umstritten. Die eine Gruppe der Historiker meint, er käme von Conradus de Schonebeke, der erstmals im Zusammenhang mit dem Ort genannt wird. Die Heimatforscher schließen sich der 2. Variante an; sie trennen einfach „Schonebeke" in „Scone", d.h. übersetzt schön und „beke", d.h. Bach; also Siedlung am schönen, hellen, klaren, sauberen Bach. Die Gründung des Dorfes Groß-Schönebeck setzt Riedel für das Jahr 1250 an. Die ersten schriftlichen Beweise für die Existenz stammen aus den Jahren 1304 bzw. 1313. Der Eberswalder Heimatforscher Schmidt geht davon aus, daß die 1313 ausgestellte Urkunde, die übrigens noch erhalten ist, mit Groß-Schönebeck identisch ist und damit offiziell als Gründungsurkunde anerkannt wird.

Die Einwohner des kleinen Ortes versuchten, sich mit allen Mitteln vor den Übergriffen, das Land durchziehender Räuberbanden zu erwehren. Sie bauten um ihre Siedlung eine Steinmauer und verstärkten die Wälle mit stachligen Hecken und nutzten geschickt die feuchte und sumpfige Gegend aus. 1503 werden noch verschließbare Tore genannt. Eines stand mit Sicherheit an der Stelle, wo heute die Joachimsthaler Straße abbiegt. Mit Joachim II., der oft im Jagdschloß Groß-Schönebeck weilte, wurde mit der Reformation auch der lutheranische Glauben eingeführt.

Der 30jährige Krieg brachte dem Dorf viel Not und Leid. 1638 wird es in Schutt und Asche gelegt. Nur allmählich erholt sich die Gemeinde von den Kriegsfolgen. Der große Kurfürst siedelte Leute aus der Pfalz, Friesland und Holland an. Er selbst war des öfteren im Ort und kümmerte sich persönlich um den Fortgang der Wiederherstellung. So bewilligte er durch ein Dekret vom Jahre 1665 eine Kollekte in der Mark Brandenburg zum Wiederaufbau der Kirche. Er selbst zahlte 25 Taler. Mit der Anstellung des Predigers Ettlinger beginnt der Bau der Kirche, der infolge Geldmangels in mehreren Etappen vonstatten geht. Auch in Groß-Schönebeck waren die Menschen eng mit dem Wald, der Schorfheide, verbunden. Oberförster waren: Johann Simon Uhl (1711-1732), Johann Sigismund Uhl (1732-1769), Wartenberg sein Nachfolger. Über die wechselvolle Geschichte des Ortes gibt die „Ortsgeschichte der Parochie Groß-Schönebeck“ von Pfarrer Hermann Steeger Auskunft. Sie ist in wenigen Exemplaren im Ort im Umlauf. Das dort neu eingeweihte Schorfheide-Museum stellt sie aus. Sie ist geschrieben während des 1. Weltkrieges, wahrscheinlich 1916. In jüngster Zeit ist Groß-Schönebeck bekanntgeworden als zukünftiges mögliches Eingangstor zum Biosphärenreservat. Mit seiner günstigen Zugverbindung nach und von Berlin bietet es recht gute Möglichkeiten.

Großtrappe

Hubertusstock

Das zur Zeit noch am besten erhaltene Jagdschloß in der Schorfheide ist Hubertusstock. Inmitten alter Eichen und Resten gewaltiger märkischer Kiefern, nur wenige Meter von Werbellinsee entfernt, abseits der Strasse Eichhorst-Joachimsthal, hatte es der als romantisch bekannte König Friedrich Wilhelm zwischen 1847 und 49 erbauen lassen. Im Stil eines bayerischen Landhauses errichtet, hatte es zum Vorbild ein königliches Gebäude an der Moorlake bei Potsdam. Als der König 1851 nach einem langen Jagdtag seinen

Der Ort, wo der Kaiser zu Fuß hinging – die Kaiserlaube

Gleich kommt der Kaiser – Wilhelm II

Stock in die Nähe der Jagdbehausung in den Boden steckte, kam er auf den Gedanken, dieses Anwesen, Hubertusstock, zu nennen. Sehr schnell wurde das Gebiet zum kaiserlichen Hofjagdrevier und spielte gemeinsam mit Rominten eine führende Rolle bei Pirschgängen. An dieser Stelle sei es gestattet, einige Worte zum Jagdgebiet Rominten zu machen, lassen sich doch gewisse Parallelen zu Hubertusstock finden.

Als Kaiser Wilhelm II. im September 1890 zum ersten Male die Romintener Heide bei Goldap, Trakehnen und Tollmingkehmen aufsuchte, ließen die überwältigenden Naturschönheiten der Heide sowie die hervorragenden Wildbestände bei ihm den Entschluß reifen, sich im damaligen „Theerbude" ein Haus zu bauen. Er wählte für sein Jagdhaus den Holzblockbau im norwegischen Stil, der mit dem nordischen Charakter der Romintener Heide am besten harmonisierte. Das Haus wurde in Norwegen zusammengebaut und per Schiff, Eisenbahn und Achse an Ort und Stelle gebracht. Einfache Ausstattung aller Räume war Prinzip. Die Jagdtrophäen des Kaisers zierten alle Wände. Doch zurück in die Schorfheide, zurück nach Hubertusstock. Besonders bei den jährlichen Jagden auf den Hirsch, im September, Oktober nahmen die Hohenzollern mit ihren Gästen und ihrem Gefolge hier Quartier. Um einen Einblick auch hinter die glänzenden Jagden zu gewinnen, sei hier eine Akte vom Ober-Hof-Maschall-Amt aus den Jahren 1902-1909 beleuchtet. Sie zeigt ganz deutlich, die wirklichen Sorgen, die der Verwalter, er wird Schloßkastellan genannt, hatte.

... röhrte erstmals für den Kaiser, u. a. für Hindenburg, für Göring, die russischen Befreier, Honecker, Fidel Castro, Helmut Schmidt, Breschnew und nun ...?

Trophäen

1910

1991

„16. März 1902 - Kastellan Vierow bittet für die bevorstehende Hofhaltung um Ankauf von

50 Ztr. Steinkohle
30 Ztr. Anthrazit
40 Ztr. Koks
3 Sack Holzkohle"

Es wird genehmigt.

08. März 1902 - 80 m Birken- und Erlenkloben werden für das Jagdschloß bewilligt.

Märkische Kiefern

Hubertusstock

28.04.1902 - der Kastellan bittet den Hof um die Begleichung der Schul- und Kirchensteuer an das Amt Eichhorst, wie es seit eh und je geschah. - 31,00 M. Minister A. Eulenburg schreibt:

„Irrtümlicher Weise wurden die Steuern gezahlt, weil man annahm es sei für Hubertusstock. Wir können nicht mehr bezahlen.“

März 1903: Vierow bittet um 12 Stauden 2-3 m hohen kleinblättrigen Efeus, da Exzellenz wünschen, daß die Nordostseite des Kutscher- und Gendarmenhauses damit bepflanzt würde.

„April 1902: Rapport über Anschaffung und Reparatur im Jagdschloß.

1. Arbeitszimmer seiner Majestät
   eine neue Sandschale
2. Toilettenzimmer seiner Majestät
   Nachtgeschirr und Seifenschale
3. Hofdamenzimmer
   2 Wandbretter für Bücher und einen Teppich
4. Kanzleizimmer
   15 Tischdecken, 4 Scheren, 9 Tintenlöscher, 3 Schreibunterlagen, 16 Lineale und 3 Radiermesser
5. Zimmer für Bettfrau und Jungfer
   5 Handtücher
6. Speisezimmer, Reservezimmer, Kavalierszimmer, Schloßgebäude und Kastellangebäude
   kein Bedarf“

„April 1904: es würden daher genügende und brauchbare Lohnkräfte zu erhalten sein, auch wenn der Lohnsatz um 0,30 M zurückgenommen werden würde, bei elf Männern und 18 Frauen ist dies eine tägliche Ersparnis von 19,50 M. Für eine gewöhnliche Hofhaltung von 7 Tagen waren das mit 7 Vor- und Nachbereitungstagen 273 Mark. So wollen wir beschließen, ist seine Exzellenz in Hubertusstock, erhalten die Männer 3 M, die Frauen 2 M, ist er nicht anwesend, 2,50 bzw. 1,50 M pro Tag. Ortsüblich sind 2 bzw. 1 Mark.“

6. Mai 1905: - der Kronprinz stellt den Antrag, Hubertusstock zu besichtigen. Auf dem noch heute vorhandenen Automobilweg gelangte er mit seinem Gefährt zum Jagdhaus.

Interessant war auch die Ermittlung des kürzesten Weges nach Hubertusstock, um Geld für zusätzliche Kosten einzusparen. So wurde die Strecke vom Bahnhof Werbellinsee (Kaiserbahnhof) als „kürzeste fahrbare Entfernung“ mit 9,825 km zum Schloß ermittelt und mußte in Zukunft strikt eingehalten werden. Von Verschwendung kann wohl keine Rede sein.

April 1909 - bekommt Hubertusstock über eine Leitung von Steinfurth (heute Finowfurt) durch den Werbellinsee endlich Strom.

Soweit einige Nachrichten aus dem „gewöhnlichen Leben“ des Jagdschlosses Hubertusstock.

Die königlichen Minister müssen, waren sie einmal auf dem Schloß, recht sparsam leben. Als der Kriegsminister von Einem mit seiner Familie nach einer langen Krankheit die Erlaubnis erhält, sich hier zu erholen, gibt der Kaiser persönlich die Anweisung: „Sämtliche Kosten trägt der Minister allein. Bäder und Klosetts bleiben für Herr von Einem geschlossen“.

Nach dem ersten Weltkrieg geht das Schloß von der Krongutsverwaltung in preussischen Besitz über.

Eingangstor

Von nun an dient es als Erholungsheim. Die letzten Machthaber der DDR legten es als Gästehaus der Regierung fest. Prominente Staatsgäste wurden hier untergebracht. Nach der Wende im Jahre 1989 fällt das Jagdschloß in die Hände des Bundesvermögensamtes. Engagierte Freunde der Schorfheide, die sich im Mai 91 in Groß Väter trafen, baten in einem Schreiben die Dienststelle um ein Überdenken geplanter Verkaufsabsichten:

Freundeskreis Schorfheide   Groß Väter, den 11.5.91

An
das Bundesvermögensamt
Frankfurt/Oder
Otto Grotewohl Straße 53
O 1200 Frankfurt/Oder

Betr.: Jagdschloß Hubertusstock

Wir hörten von den Verkaufsabsichten für das Jagdschloß Hubertusstock. Aus Sorge, daß durch einen Verkauf der einmalige Charakter der Schorfheide-Landschaft zerstört werden könnte, bitten wir dringend, allen potentiellen Käufern strenge Auflagen für denkbare zukünftige Nutzungen von Hubertusstock zu erteilen, damit die Schönheiten des Gebietes auch für zukünftige Generationen erhalten bleiben.

Alle Vorhaben müssen insbesondere den vorgeschriebenen Forderungen des Landschaftsschutzes gerecht werden.

Gerhard Janetzke, Ltd. Oberstaatsanwalt a. D.
Frieda Osterloff, Bonn-Bad Godesberg
Max Pinnow, W 5120 Herzogenrath
Astraut-Gisela Jung-Hausendorff
Erhard Hausendorff   Dr. [illegible] Joachim [illegible]
Joachim Bandau   Helmut Köhne

Dr. H. C. Janetti, Arzt
[illegible], Ges. z. F. d. D.

Peter Heinrich

Ch. Liebenicke

Roswitha Heinrich

Gertrud Kretschmer.

Gisela Cornick

Wolfgang Corn

Waltraud Corn

Günther [illegible]

Monika Hake

Wolfgang Klier

Katharina Brinkmöller

Rudolf Otto

Edgar Ahlmann

Christa Ney

W. Sieber,

G. Albrecht

H. Albrecht

Armin Offer Bad Homburg

Lieselotte Kadel

Horst [illegible]

[illegible]

Klaus Lüders

[illegible] Lüders

Helmut Lüders

Lilo Lossmann

E. Andresen

H. Janetzke

Bärbel Ostmann Osnabrück

Manfred Ostmann "

Otto Vers, Bremen

Marianne Eylmann [illegible]

Eberhard Ostendorf

Konrad Ahlmann

Irmgard [illegible], München

Karin Loges, Wuppertal

Erika Mitsch, Kleinmachnow

Richard [illegible], Achenbach

H. Zoffmann, G. Achenbach

Helmut u. Annelise Otto

Ilse Feuerherdt

Renate Baumeister

Bruno [illegible] Forstamtsrat a.D.

[illegible] [illegible]

Wolf-Dietrich Linz

Ursula Engelbrecht

Hedwig Burmeister

P. Burmeister FAm. a.D.

Lothar [illegible]

Dietrich-Wilhelm [illegible]

Hans-Helmut [illegible] Oberforstmeister a.D.
Bad Harzburg

[illegible] Heyne Würzburg

Kontaktadresse:
Geschäftsstelle zu Hd. Frau Gisela Osterloff
Tulpenbaumweg 21
5300 Bonn 2

Jagdhaus der Reichspräsidenten am Werbellinsee

Auf dem Gelände des Kinderheimes „Anne Frank“ auf einer in den Werbellinsee ragenden Halbinsel steht das ehemalige Jagdhaus des Reichspräsidenten Paul von Hindenburg. Geologisch gesehen ist dieser Ort insofern interessant, als daß sich hier ein erheblicher Rest des Werbellinsees Sanders aus der Eiszeit erhalten hat.

Mit 58 Meter über NN liegt das Gelände hoch über dem See. Die preußische Regierung beschloß, nach dem 1. Weltkrieg hier ein Jagdhaus, in Form einer stabilen Blockhütte, für die Präsidenten der Weimarer Republik zu errichten. Nach Ebert war es vor allem Hindenburg, der von hier aus zur Jagd ging. Das Bauwerk ist fast in seinem Urzustand erhalten geblieben. Kaum einer, nicht einmal Ortsansässige, wußten und wissen von dieser Jagdhütte.

Während Hindenburgs fast 10-jähriger Reichspräsidentenschaft fielen hier durch den Jagdeifer starke Hirsche. Im 2. Weltkrieg baute dann der SS-General Lammers, nachdem er in Berlin ausgebombt war, einen Flachbau zur Unterbringung der Wachmannschaften an. Die letzten Jahre des Jagdhauses sind verbunden mit einem Kinderheim des Magistrats von Groß-Berlin, der hier Kinder zur Erholung unterbrachte.

Anlegestelle für die Jagdgäste

Karinhall

Eine weitere jagdliche Einrichtung in der Schorfheide war Karinhall. Hier hatte der Reichsjägermeister Herrmann Göring seit Anfang der 30-er Jahre aus einer kleinen hölzernen Hütte ein prächtiges Anwesen, das auch in der Tat den Namen Jagdschloß verdiente, was man von den anderen bereits erwähnten nicht unbedingt sagen konnte, erbauen lassen. Er nannte diesen Ort, den Sitz der Götter „Walhalla“ und setzte den Namen seiner ersten verstorbenen Frau davor - Karinhall -. Prächtig ausgestattet und sorgfältig bewacht, diente es nicht nur jagdlichen Zwecken, sondern auch Regierungsempfängen. Von Hitler über Mussolini und dem japanischen Außenminister bis hin zu persönlichen Freunden Görings, trafen sich fast alle Größen der damaligen Zeit dort. Reichsarbeitsdienstminister Dr. Robert Ley und Hermann Göring entwickelten hier Pläne zur Germanisierung des Baustils in der Heide. Es existieren Bilder, auf denen H. Göring mit Lendenschurz und Speer zur Sauenjagd geht. Auf dem Boden des Gebäudes hatte der preussische Ministerpräsident und Reichsluftmarschall seine riesige Modelleisenbahn aufgebaut, mit der er oft spielte. Als Kunstsammler hortete er millionenschwere Ausstellungsstücke aus den besetzten Gebieten. Lange Zeit vermutete man auch das Bernsteinzimmer aus Petersburg in den Ruinen von Karinhall.

Am Kamin – Karinhall
Hermann Göring und andere Waidgenossen

Hermann Göring auf dem Weg zur Jagd

Reichsjägermeister Göring bei der Besichtigung der Strecke

Kaminzimmer in Karinhall

Ausstellung „Mensch und Tier“, Essen 1935

Schorfheide ist präsent

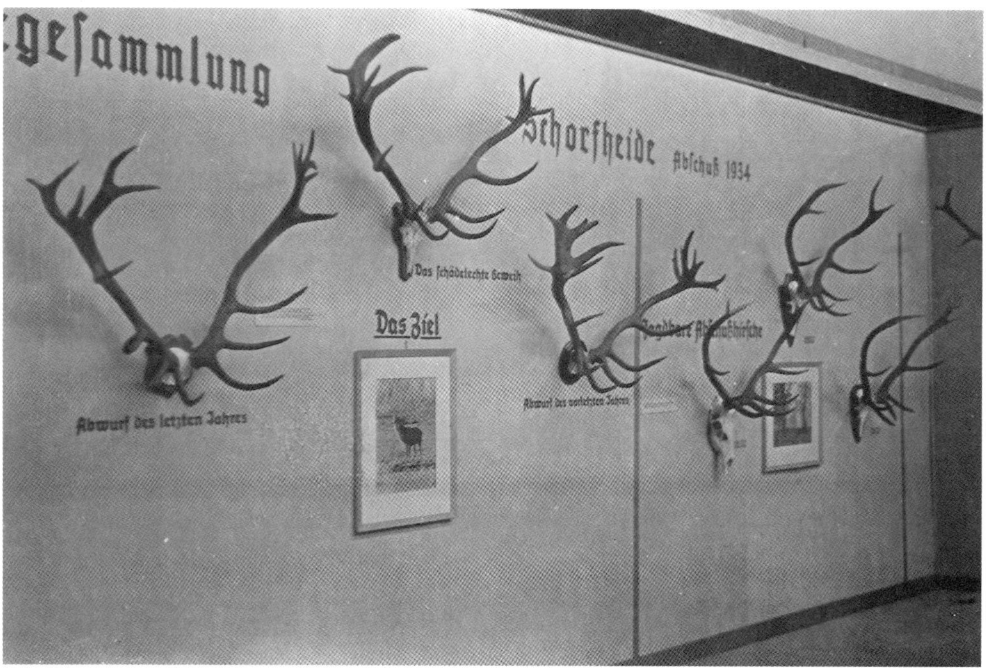

Reichsjägerhof Hermann Göring

1990 tauchte man auf Regierungsbeschluß der letzten DDR-Regierung im angrenzenden Döllnsee und fand einige Stücke von geraubten Kunstschätzen. Hobbytaucher aber waren weit fündiger.

Als das Ende des Krieges nahte, ließ Hermann Göring Karinhall durch sein SS-Wachregiment mit Fliegerbomben, die man aus sicherer Entfernung zündete, in die Luft sprengen. Die sowjetische Besatzungsmacht versuchte mit weiteren Sprengungen, die Spuren des Dritten Reiches zu beseitigen.

Die Gruft der Karin am See wurde ausgeplündert.

Soldaten der Volksarmee schoben mit Bulldozzern alles glatt. Heute erinnern nur noch angelegte Grabstellen von Fans, die hier Reste aus vergangener Zeit suchen, an Karinhall.

Was übrigblieb

Försterei Rangernsee

Jagdgraben des Kaisers
zum Erlegen von Damwild

Friedrichswalde

Fährt man mit der Eisenbahn von Eberswalde in Richtung Templin, Lychen, Fürstenberg/Havel, ist die Station nach Joachimsthal Friedrichswalde. Hoch über alle Gebäude hinaus ragt die Kirche des Ortes, die 1782/83 mit Spenden der Bewohner des Ortes gebaut wurde. Für den seit 1.9.91 dort predigenden, jungen Pfarrer ist es nach dem Studium die 1. Pfarrstelle. Bereitwillig zeigt er uns vom Turm der Kirche seine Gemeinde. Bevor der Ort den jetzigen Namen erhielt, lag hier das Dorf Blanckenpfuhl, das nach dem 30jährigen Krieg zur wüsten Feldmark wurde und über viele Jahre hinweg, fast sind es 100, nicht bewohnt wurde. Die Feldmark gehörte der Grimnitzer Glashütte, weshalb der Amtmann Georg Krause daselbst im Mai 1748 von Friedrich dem Großen den Befehl bekam.

...da das Amt Liebenwalde dato beordert worden ist, 35 Colonistenfamilien zur Besetzung der wüsten Feldmark Blanckenpfuhl bis zur alten Grimnitzer Glashütte fahren zu lassen ...

... also wird dem Pächter der Glashütte Krause hiermit anbefohlen, sobald die Leute in dem alten Grimnitzeschen Hüttendorf ankommen, selbige dort zu verlegen. Und da die Männer bis nach denen bey Radebands Hecken gemachten Hütten transportiert werden müssen, diese aber nicht zugänglich sind, so müssen dieselben sich in jeder Hütte eine Scheidewand dergestalt machen, daß 2 und 3 Familien, bis die Häuser errichtet sind, darin wohnen können. Hiernächst hat Krause sich mit Förster Schleficke zusammen zu tun, um die Örter, wo denen Colonisten Ställe erbaut werden sollen, und von dem Ingenieur Spaldeholz ausgestochen sind, auszufinden. Auch die Colonisten anzuweisen,

daß sie sich die noch fehlenden Hütten zusamt selbst anfertigen sollen, sodann deren Familien auch dorthin zu transportieren. Und kann gedachter Krause bei dem Amt Liebenwalde erinnern, daß unverzüglich für die Colonisten vorerst 4 oder 6 Wagen und einhalb Schock Stroh zum Lager nach den Hütten geliefert werden. Und wenn mehrere Hütten fertig sind, und die Familien hingebracht werden, so können als dann noch 10 - 12 Wagen beim Amt gefordert, und auch noch 43 Mandel Stroh dahin vom Amte geliefert werden. Krause hat dafür zu sorgen.

Berlin, den 17. Mai 1748
Kgl. Preuss. Churmärk. Kriegs- und Domänen Cancler
EV. v. Gröben

Bald trafen auch die ersten Kolonisten ein. Die Häuser wurden gebaut, aber ziemlich langsam. Die Kolonisten machten eine Eingabe an den König.

....“wir 12 katholische Familien und Kolonisten aus der Kurpfalz unterwinden uns Ew. Königl. Majestät fussfällig anzuflehen, nachdem wir schon 5 Wochen lang nebst 25 Reformierten durch einen Transport von Berlin auf die alte Glashütte bei Grimnitz gebracht wurden, und noch keinen Platz zum Anbauen für uns erhalten haben. Wir haben zwar zwischen Glambeck und Schmelzhütte unweit dem Vorwerk, Wegelin ernannt, einen Ort ausersehen, und denselben umzuteilen versuchet. Wir haben Mangel und in dieser Gegend nichts zu bekommen ist.

22.06.1748“

Kirche in Friedrichswalde

Die Kolonisten waren 1747 durch ein öffentliches Angebot Friedrich II. angeworben worden. Um ganz sicher zu gehen, schickten die Auswanderungswilligen ihre Gesandten an den preußischen Vertreter nach Frankfurt/Main. Dieser schickte sie nach Berlin zum Minister von Marschall, dieser verwies sie direkt an den König. Friedrich II. sprach mit ihnen, legte seine Gedanken nieder und wurde mit der Zurverfügungstellung seines Namens zum Schutzherrn von Friedrichswalde. „Königliche Gnade, Schutz und Hilfe sei Euch angetan", sprach's und schenkte jedem einen Louidor und 3 Dukaten. In kleinen Gruppen setzten sie sich aus Zweibrücken in der Pfalz in Marsch. Ihr spärliches Habe trugen sie auf dem Rücken oder auf Schubkarren. Pferd und Wagen hatten nur wenige. Über Eisenach und Mühlhausen gelangten sie nach Berlin. Von hier per Leiterwagen oder Schiff in die Schorfheide. In Blanckenpfuhl entstand ein typisches friederizianisches Straßen- und Reihendorf. Hof grenzt an Hof. Ein Haus kostete 200 - 250 Thaler. Das Holz war frei. Friedrichswalde entstand auf den Gebieten zweier kleiner Vorwerke, Blanckenpfuhl im Amte Zehdenick und Radelands Hecken im Amte Liebenwalde, und auf dem Gebiet des Gutes Ringenwalde. Der erste Schulze hieß Adam Förder, die ersten Gerichtsleute Heinrich Jost, Peter Brodt und Franz Liebig. Der Ort wurde in vieler Hinsicht vom König bevorzugt. Die Einwohner brauchten 6 Jahre keine Steuern zu zahlen (üblich war 2 - 3) und waren befreit von Diensten jeder Art „sie mögen Namen haben wie sie wollen". Schon im Frühjahr nach der Ansiedlung wurden die Flurstücke verlost.

Am Lindhorst

Das Leben der Pfälzer war schwer. Im ersten Jahr reichte das Futter für die Tiere nicht aus. Friedrich II. gewährte seinem Dorf 100 Thaler Darlehen. 1750 rafft eine Seuche alle Tiere hin. Hinzu kamen die aus der Schorfheide einwechselnden Hirsche und Schweine, die großen Schaden anrichteten. Das Jagdrecht besaßen die Friedrichswalder aber nicht. 8 - 11 Familien aus der Schweiz kommen hinzu. Alle sind Reformierte. Für ihren mit ihnen aus fernen Landen gekommenen Pfarrer, namens Mentaux, errichteten sie für 472 Thaler, 4 Groschen und 11 Pfennige ein gut ausgestattetes Pfarrhaus. Er besaß auch 60 Morgen Acker. Lange wurde ein Streit mit dem Generaldirektorium in Potsdam um eine Neuvermessung des Landes geführt. Die Kolonisten, die in der Literatur als geistig sehr beweglich, gutmütig von Natur und aufgeschlossen bezeichnet wurden, trugen den Sieg davon. Das Leben hatte sie härter gemacht.

Pflug und Wagen erhielt jeder Neuankömmling umsonst, bares Geld für Ankauf von 3 Ochsen, 3 Kühen, 2 Zuchtsauen und 20 Schafen sowie 6 Scheffel und 5 Metzen Roggen, 6 Scheffel und 5 Metzen Gerste und 8 Scheffel, 6 Metzen Hafer. Für die Heimatfreunde hier die vollständige Liste der 30 Kolonisten:

Name	Alter	Zahl d. Fam.-mitglieder	Herkunft	Vermögen
Amtschulze:				
Adam Förder	46	7	Ostheim	200 Taler
Peter Sparkenbach	38	6	Gutesheim	80
Phil Reiss	24	6	Monsernheim	26
Peter Lahr	52	4	Ostheim	32
Hartmann Heilemann	41	7	Wulff (Grafschaft Billungen)	33
Johann Keth	30	7	Esselborn	26
Johann Dörr	52	4	Ostheim	53
Jürgen Baumann	26	2	Ostheim	33
Michel Noll (oder auch Boll, Roll)	36	5	Monsernheim	16
Joh.Ja.Bayer (Buger)	32	4	Hellstein	
Peter Weingarten	37	8	Esselborn	
Thomas Arnold	37	8	Esselborn	30
Peter Brodt	46	5	Ostheim	200
Friedrich Liesfeldt	37	6	Esselborn	26
Conrad Jost	34	4	Winecke	46
Peter Klenner	44	5	Monsernheim	70
Peter Henksch	46	5	Dantenheim	60
Christoph Kuben (Kubar?)	23	3	Metterheim	60
Jacob Theiss (Thees?)	38	8	Horn (Kurpf.)	33
Nicolaus Winter	48	6	Monsernheim	21
Johann Jar. Köhler	37	8	Halbach	100
Nicolaus Becker	36	6	Hellstein	53
Johann Hetterich (Hederich)	47	7	Bledesbach	66
Heinrich Jost	38	8	Winecke	133
Franz Lewig (Ludwig)	36	7	Kriegsfeld	66
Johann Jacob Luft	23	2	Siefersheim	20
Christoph Zerrens (Serrier)	50	2	Wonsheim	53
Wilhelm Schneider	55	7	Obermoschel	333
Philipp Herrmann	32	5	Raibach	150
Peter Mann	44	6	Wonsheim	100

Mitten im Dorf bei der Schmiede von Rosenberg befand sich der Dorfteich, der 1885 verschwand. Am Ende des Dorfes, nach Joachimsthal hin, lag der Ihlenpuhl (Ilenegel). Am Südufer des Krummen Sees stand eine Mühle, der Mühlensteig zwischen den Wirtschaften von Bechlein und Deutschmann erinnert daran. 1817, 1848 und 6 Jahre später wüteten große Brände im Ort. Mit dem Bau der Eisenbahnlinie von Eberswalde nach Templin bekommt Friedrichswalde Anschluß an den öffentlichen Verkehr. 1889 wird der Bahnhof in Dienst gestellt. Ein handwerkliches Wahrzeichen war längere Zeit hindurch der Holzschuh, der in Friedrichswalde hergestellt wurde. Ein Einwohner, der als Soldat mit den deutschen Truppen 1914/15 in Holland war, hatte sich den „Holländer Kahn“ abgeguckt, und er produzierte ihn selbst. Es war die Familie Blum, die dieses Gewerbe betrieb. Dachsplisse und Krebskörbe wurden ebenfalls hergestellt.

1945 erlebten die Friedrichswalder als unmittelbare Nachbarn des Göringschen Karinhall in der Schorfheide auch dessen Untergang. Viele, die es einst mithalfen aufzubauen, wie z.B. der Maurer Otto Fehmer, sahen es wieder in Schutt und Asche versinken. Viele Friedrichswalder erinnern sich wohl an diese Zeit.

Glambeck

Wie soviele Orte im Bereich der Schorfheide, ist die Geschichte des kleinen Ortes Glambeck in ein Dunkel gehüllt. Nur über vergleichende Aussagen wissen wir von der schon recht frühen Existenz des Ortes, der dicht an der Autobahn Berlin-Stettin liegt und in jüngster Zeit an der Grenze zwischen 2 großen Sonderjagdgebieten lag. Das Wort Glambeck heißt aus dem Slawischen übersetzt soviel wie Tiefensee. Erstmals taucht der Name 1348 auf; im genannten Jahr wird der See des Dorfes an das Kloster in Zehdenick veräußert. Karl IV. erwähnt den Ort im Städtebuch. Die „gänzlich wüste Mühle zu Glambeck" gehört schon im Jahre 1375 zum Streubesitz des Klosters Chorin.

Die Mönche bringen die Mühle wieder in Ordnung und betreiben eine großangelegte Fischerei. In seiner langen Geschichte ging die kleine Gemeinde durch viele Besitzerhände. Friedrich von Bardeleben, Hans Christoph von Bredow, Henning von Glöden, Lewin von Ahlimb, Freiherr von Dankelmann und der Gutsbesitzer Wolff seien hier genannt. „Damit sich Reisende und der Gegend Unkundige" nicht verirren, erscheint 1712 (in Angermünde schon 1690) ein königliches Patent mit der Anweisung zur Aufstellung von Wegweisern. Sie sind damit die ersten in der Heide aufgestellten Orientierungshilfen beim Durchqueren der Heide. Aus dem Jahre 1771 kennen wir eine Urkunde, die uns den Wert der Gemeinde Glambeck zeigt. Für 637 Taler werden an den Fiskus Weizen, Roggen, Gerste, Erbsen, Wicken, Buchweizen und Lein verkauft. Der Ertrag der Gärten mit guten, jungen Pflaumenbäumen bringt 40 Taler, die Fischerei am Glambecksee, am Mühlenteich, am Leptow und Hechtgiebel 20 Taler. Die Hand- und Spanndienste der Untertanen, es sind 12 Kossäten, von Martini bis Marien dehnen sich aus auf Gespannstellung, Arbeit mit der Sense, und einen Tag Arbeit der Frauen in der Woche bei der Herrschaft. Ein jeder hat den Fleischzehnt zu geben, das sind jährlich eine Gans und drei Hühner. Alles in allem wird der Wert des Gutes mit 28.782 Taler, 23 Groschen und 10 Pfennig angegeben. Preußischer geht's nimmer. Diesen Wert zahlt wohl auch der Graf von Redern-Görlsdorf, der von 1862 bis 1945 das Gut besitzt. Nach 1945 beginnt für Glambeck ein erneuter Abstieg. Das schöne Schloß wird auf Befehl von Herrn Mielke, seines Zeichens Chef der Staatssicherheit, abgerissen. Der herrliche Park verwildert. Nur noch ein Taubenhaus erinnert an die vergangenen Zeiten. Glambeck auch ein Opfer verfehlter Gemeindepolitik. Der Ort liegt heute im Biosphärengebiet Schorfheide-Chorin und könnte mit seiner ruhigen Lage und einladender Gastwirtschaft in den sanften Tourismus einbezogen werden.

Mellin

Am Rande der Schorfheide, am Rande des ehemaligen Mellen-Sees, lag auf der Straße nach Glambeck von Parlow aus, eine Siedlung namens Mellin. Durchwandert man diese stille, unberührte Ecke unserer Heimat, wo sich tatsächlich noch Hase und Fuchs „Gute Nacht“ sagen, findet man nur noch ein eisernes Kreuz auf dem ehemaligen Friedhof. Seine Inschrift lautet:

„Friede mit Euch!
Gottesacker von Mellin.
Wer an mich glaubet, wird den Tod sehen,
„ob er gleich stirbet!“

Winter am Melln

Die Geschichte dieses Dorfes muß man erzählen, weil sie typisch für andere kleine Flecken in der Heide ist.

1661 war hier eine Zaunsetzer-Stelle. Anno 1766 wurden unter Leitung des „Ambtes Grimnitz“ 8 Büdner in Mellin eingesetzt. 10 Jahre später standen 19 Häuser mit 75 Menschen bewohnt. Uns sind sogar die Namen der ersten Einwohner bekannt. Manch einer konnte hier noch einen Verwandtschaftsgrad entdecken.

Der Ort erhielt sogar eine Schule. Der Boden gab nicht viel her. Die Armut wuchs. Um 1680 ist der Ort verschwunden. Die Melliner waren nach Amerika ausgewandert. Zusammen mit anderen Auswanderern gründeten sie im Staate New York bei Buffalo am Eriesee das Städtchen Bergholz. Ein paar Familien zogen nach Aufhebung der Leibeigenschaft 1861 nach Rußland. Dank ihres Fleißes ging es ihnen gut.

Leistenhaus

Leistenhaus ist für alle Joachimsthaler ein Begriff. Es liegt am Nordostufer des Grimnitzsees. Es ist ein Einzelgehöft und erhielt 1824 den Namen nach einem Bauern namens Leist, der hier 1819 für einen seiner Untergebenen ein Haus gebaut hatte, der darin wohnte und das Wild samt dem Joachimsthaler Weidevieh von den Ackerflächen fernhielt. Dieser Leist ist ein Nachfahre des

Christian Friedrich Leist aus Heeger-Mühle, der 1753 an Friedrich II. folgenden Brief schrieb:

„Tausend guter lieber König,
Höre doch nur ein klein wenig
wie Du anderen auch getan,
Deines Knechtes Vortrag an.
Du Erhöherst mich ohne Zweifel,
denn ich bin ein armer Teufel.
Und bin bey den Soldaten Orden
18 Jahr commandieret worden
Es hat mich ein gross Unglück trofen
weil meine Frau in die 6 Wochen
nicht hat können wieder genesen.
Ist Jahr und Tag sehr krank gewesen
Die Doktor und die Medicin
Die kosten mich ein schwer Termin
wodurch ich meine Wirtschaftssachen
Dem Juden habe bekannt müssen machen
nun wollt ich gerne lösen ein
Es ist aber ein schwerer Stein
und das ist das grösste Ungeglücke
Keinen Pfennig in unserer Ficke
Drum grosser König lass mein Pflehen
Dir zu Hertz und Ohren gehen
Ich weiss meine Noth sonst nicht zustillen
muss mich in Deine Gnade hüllen
ich will es an jitzo wagen
Dich grosser König vor zutragen
ich bitte um ein Stück wüstes Land
Es wird das Hirthen Bruch genannt
Es liegt im Grimmnitzschen Revier
Liebster König schenk es mir
Es dienet wenig zu Deinem nutzen
und mich ist es ein grosser stutzen
Oder wirf von Deinem Hohen Trohn
100 Taler Deinem Sohn
Landes Vater gnädig hin
weil ich sehr bedürftig bin
Ach lieber König diese Gnade
Ist ja vor Dich ein kleiner Schade
Wen ich mich vor Deiner Gaben
Lebenslang erfreuet habe
und mein Weib und arme Kinder
grosser König Dich erinner
dass du Hast Gnade Erwiesen
denen die Dich angepriesen
drum will ich in der Hoffnung leben
Dass mein Bitten nicht vergeben
und die feste tröstung fassen

Du wirst mich nicht Hülfflass lassen
Nun liebster König will ich schliessen
Lass die Schrift dich nicht verdriessen
Ich Dein Knecht und auch Dein Sohn
Wünsche dass Dein König Trohn
möge fest und herlich stehen
bis die Welt wird unter gehen
Ich bleibe bis mich der Tod hin reist
Grosser König Dein Knecht Leist
Wie mein Anfang ist mein Schluss
Pauper sum Diabolus
Ch. Fr. Leist
Soldate von Hessen Darmstädtischen Regiment
Häger-Mühle den 16. September 1753“

Pauper sum Diabolus Leist (ich bin ein armer Teufel) erhielt tatsächlich Land, konnte es aber kaum bearbeiten. Bei einer „Bataille“ bei Kuhnersdorff fiel er für seinen König. Es war am 12. August 1759. Leistenhaus thront noch heute, zwar umgebaut, am Ufer des großen Grimnitzsees.

In den letzten 30 Jahren wurde es als Erholungsheim für Angehörige des Staatssicherheitsdienstes genutzt.

Grimnitzsee von Althüttendorf aus gesehen

Von den Menschen in der Heide Dr. Horst Siewert

Eng mit dem Namen Schorfheide verbunden ist Dr. Horst Siewert. In Königsberg in Ostpreussen geboren, begann er seine Forstlehre an der Forstschule in Zehdenick. Dort selbst betreute er kurze Zeit die Försterei, um dann 1924 dem Rufe Hausendorfs zu folgen. Sein Sitz wird das Forsthaus Grimnitz. Als Autodidakt beginnen hier seine bahnbrechenden Untersuchungen an der Großtrappe, am Schwarzstorch und dem Seeadler. Innerhalb der „Stiftung Schorfheide“ betreute er das sogenannte „Siewert Gehege“ am Ostufer des Werbellinsees. Zahlreiche Naturfilme und einzigartige Einzelbilder sind ihm zu verdanken. Sein Nachlaß, Tagebücher und eine Tierkartei mit nahe 3000 Karten werden heute privat verwaltet. Zur Internationalen Jagdausstellung 1937 in Berlin zeigte Dr. H. Siewert eine Sonderschau zum Thema „Muffelwild“ in der Schorfheide. In dem Revier Vogtswiese steht heute noch sein „Filmhäuschen“, in dem über viele Jahre sein Archiv untergebracht war. 1945 wurde es geplündert. Über 10 Jahre wohnten Forstarbeiter darin. Heute ist es Begegnungsstätte der Jagdgesellschaft Joachimsthal Voigtswiese. Siewert arbeitete auch eng zusammen mit dem Verhaltensforscher Conrad Lorenz. 1943 stürzte der begabte Schorfheideforscher bei Filmaufnahmen in den Bergen auf Kreta ab. Dort sollte er im Auftrage der deutschen Wehrmacht Aufnahmen zur Lebensweise der BEZOAZIEGE, einer Bergziegenart, machen.

April.

Grimnitz

Nun bin ich in Grimnitz! Das Wasser, der große runde Grimnitz See und der 12 km lange Werbellin See mit seinen ansteigenden Dünenufern, welche mit Kiefern bestanden sind, ~~geben~~ ist das belebende Element. Gleich am 2 April, an einem kalten, doch sonnigen Tage, konnte ich auf dem Grimnitz See, der noch vollständig vereist ist, nur am Ufer teilweise einen offenen Raum von etwa 200 m hat, eine Menge Wasservögel beobachten. Alle drei Sägerarten saßen auf dem

von Altum in seiner „Forstzoologie"
schreibt, namentlich bei diesen Schne-
geln.

Kopf von Anas boscas ♀.

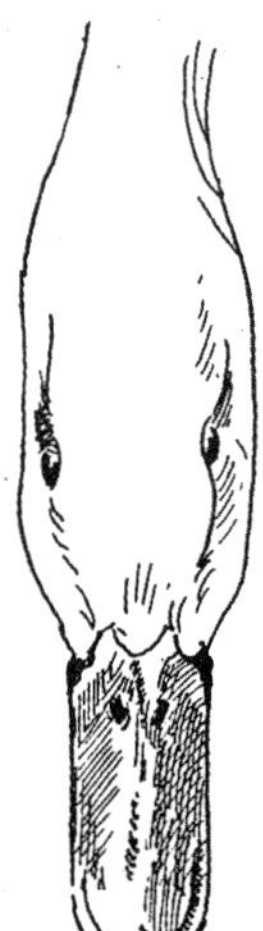

Kopf von oben

Kopf von unten.

100
7. VIII. 94.
Colymbus nigricollis
♂ juv.

7. VIII. 94.
Colymbus fluviat.
juv.

21. VII. Hüttendorf.

102
M. VIII. 21.
Colymbus griseigena iuv.

12. III.

Maße aller bisher gemessenen Vögel.

Weindrossel, Helgoland, 27. IV. 23.

1). ♂ Gl: 207, Fl: 112, Schwl: 77, Tl: 28. Schnl 17

2) ? Gl: 203, Fl: 117, Schwl: 79, Tl: 30, Schnl 16.

Rephuhn, Zehdenick 21. XII. 23. ♂

Gl: 270, Schwl: 80, Fl: 155, Tl: 41. Schnl 13,5

Mittelspecht, Zehdenick 21. XI. 23. ♂

Gl: 220 Schnl. 22,5, Tl: 23. Schwl 89. Fl: 129

Eichelhäher, Zehdenick. 9. XII. 23.

1) Gl: 355, Fl: 186, Schnl: 29. Schwl 157, Tl: 48

2) Gl: 340, Fl: 179, Schnl: 28, Schwl 150, Tl: 56.5

Dompfaff. pyrrhula pyrrh. germanica, Zehd. 29. I. 24.

1) ♂ Gl: 153, Tl: 20,5, Fl: 86, Schwl: 68

2) ♀ Gl: 154, Tl: 21.5, Fl: 88, Schwl: 69

Dompfaff pyrrhula pyrrhula Ostpreußen 27. I. 24

♂ Gl: 160, Tl: 22, Fl: 90 Schwl: 70

Stockente, Zehdenick ♀ 17. II. 24.

Gl: 520, Fl: 259, Tl: 50,5 Schwl: 100

Saatkrähe, Zehdenick 5. II. 24. ♀

Gl: 442, Fl: 303, Schwl: 174, Schnl: 46.5 Tl: 55

Nebelkrähe, Zehdenick ♂ alt 5. II. 24.

Gl: 456, Fl: 307, Tl: 57, Schwl. 178, Schnl: 46.5

Nebelkrähe, Zehdenick, 16. II. 24.

Gl: 440, Fl: 303, Schwl: 177, Tl: 57.5, Schnl 47.

Seidenschwanz, Zehdenick ♂ 13. II. 24.

Gl: 185, Fl: 112, Schnl: 10,5, Tl: 21, Schwl: 62

Martin Lüsch

Da gab es auch den Feldhirten Martin Lüsch, der unter Einsatz seines Lebens, die ihm anvertrauten Wiesen und Felder in den Bruchwiesen, dem Kienbogen, vom langen Felde, vom kurzen Felde, von den Forsthufen und Ochsenwerderwiesen, vor Wildschaden behütete. Er selbst unterschreibt den Vertrag mit der Forst mit 3 Kreuzen - er kann weder lesen noch schreiben, aber er weiß, was Pflicht ist.

Cojan

Im geheimen Staatsarchiv zu Potsdam befindet sich ein vergilbtes Blatt; es erzählt den Untergang der Burg Grimnitz, aber auch von einem „gewissen Mann“, namens Cojan. „Er habe von Ferne, auf einem hohen Baum sitzend, solches angesehen und da die Anzünder weggewesen, sich dahin gemacht und den Gang zwischen den beiden Theilen abgerissen, wodurch obgedachtes andere Theil stehen geblieben, weshalb dieser Cojan und itze seine Nachkommen und noch jährlich einen halben Wispel Roggen aus dem Ambte Liebenwalde bekommen.“

Es war schon eine mutige Tat, in den Unruhen des 30-jährigen Krieges sich so zu verhalten.

Napoleon

„Steckbrief

Die Napoleonische Armee ist auf der Flucht. Der Urheber des Elends in Europa mit ihr. Wir befinden uns auf seiner Rückzugsstraße. Es ist leicht möglich, daß er dem Allerhöchsten gefällt, uns ihn zu überliefern. Ich wünsche daher, daß die Personalbeschreibung dieses Mannes, jedem bekannt werde. ER ist von kleinem Wuchse, wohlbeleibt, von blasser Gesichtsfarbe, hat einen kurzen starken Hals, großen Kopf und schwarze Haare. Ich halte es infolgedessen künftig für notwendig, alle Gefangenen die klein von Statur sind, mir vorzuführen. Von der Belohnung für die Gefangennahme dieses Mannes rede ich nicht, darauf wird die bekannte Freigiebigkeit unseres Monarchen antworten.

Paul Wassiljewitsch Tschitschagow
Kaiserlich russischer Admiral
und Befehlshaber der dritten Westarmee 1812“

Auf diesen Steckbrief hin, der an Tore und Zäune aller Dörfer und Städte rund um die Schorfheide angeschlagen war, füllte sich in Joachimsthal sehr schnell die „Finke“, das Ortsgefängnis. Wer brauchte nicht eine saftige Belohnung. Napoleon fand man nicht, nicht gefunden sind bis heute auch die von Bonaparte zur Beschleunigung seiner Flucht in die Seen der Heide geworfenen unermesslichen geraubten Schätze aus Moskau. Schatzsucher sind noch heute unterwegs.

Charlotte Haerecke

Eine Frau, die gleichfalls in Gedichten, Versen und Balladen ihre Stadt am Rand der Schorfheide besungen hat, ist Charlotte Haerecke.

Alte Joachimsthaler kannten sie noch persönlich. Sie wurde am 16.01.1887 in der Prinzenstraße in Berlin geboren. Ihr Vater war Kunstgärtner und hatte am Moritzplatz einen Blumenladen. Ihre Großmutter war eine Freifrau von Kleist, eine Schwester des Dichters Heinrich von Kleist. Aus gesundheitlichen Gründen zog die gesamte Familie von Berlin nach Joachimsthal. Der Vater hatte noch vor dem ersten Krieg eine Gärtnerei in der Brunholdstraße. Charlotte besuchte die hiesige Schule, war im Gemeindekirchenrat und gestaltete über viele Jahre hinaus den Kindergottesdienst. Geistig rege bis ins hohe Alter schrieb sie zu vielen Anlässen kleine Verse und Gedichte. Ihr literarisches Werk hat sie nie ernährt. Arm starb sie 1977. Nicht einmal ein Grabstein ziert ihre letzte Ruhestätte.

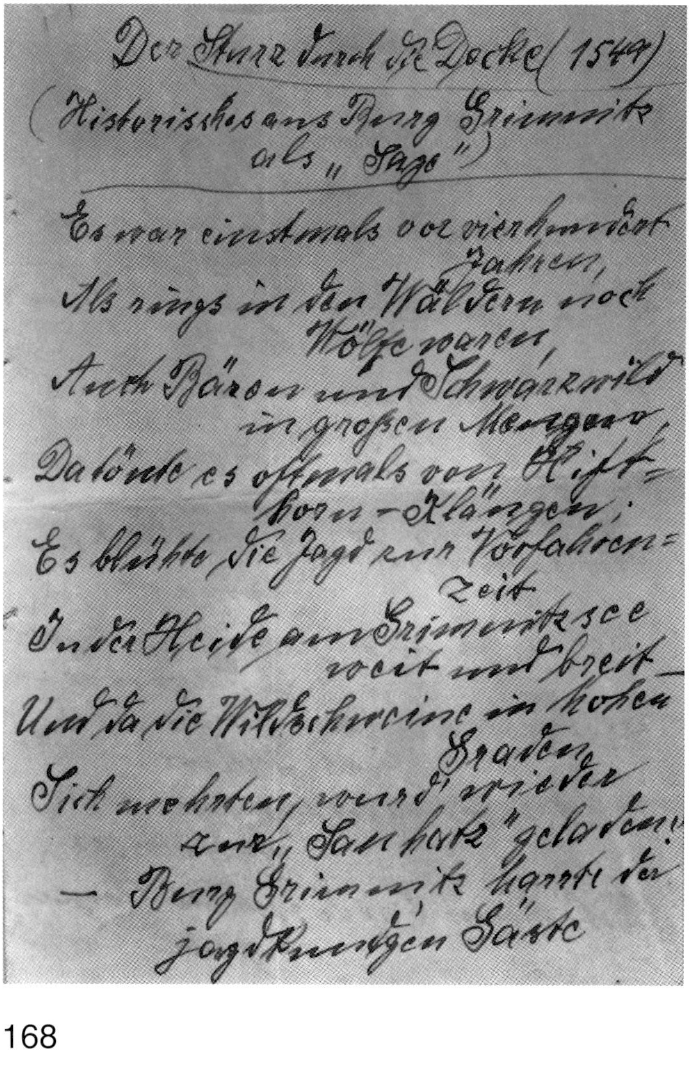

Der Sturz durch die Decke (1549)
(Historisches aus Burg Grimnitz als „Sage")

Es war einstmals vor vierhundert Jahren,
Als rings in den Wäldern noch Wölfe waren,
Auch Bären und Schwarzwild in großen Mengen.
Da tönte es oftmals von Hifthorn-Klängen;
Es blühte die Jagd zur Vorfahrenzeit
In der Heide am Grimnitzsee weit und breit.
Und da die Wildschweine in hohen Graden
Sich mehrten, ward wieder zur „Sauhatz" geladen.
— Burg Grimnitz harrte der jagdkundigen Gäste

Forstmeister Balduin von Hövel

geboren am 12. Juni 1843
gestorben am 27. August 1932

Beigesetzt am 31. August 1932 unter den Eichen bei Hubertusstock. Ihm zu Ehren wird ein behauener Feldstein an der Kreuzung Karinhaller Chaussee, Kalkbrennerweg und Schönebecker Damm, dem „Alexanderplatz“ der Schorfheide, gesetzt. Bekannt unter dem Namen „Hövels Eck“. Er ist Duzfreund des letzten Kaisers, Wilhelm I, und des Reichspräsidenten Paul von Hindenburg. Sein Lebenswerk ist die Erstellung der „Hövelsammlung“, einer Sammlung von Rothirschgeweihen. Anliegen der Sammlung war, die Beweisführung für die These „Es hat keinen Sinn zur Verbesserung der Schorfheidehirsche, Tiere aus anderen Regionen einzukreuzen, denn die Natur entwickelt von sich aus immer, entsprechend des Biotops, das Optimalste!“ Die Ausstellung war öffentlich und lange Jahre mit Zustimmung der kaiserlichen Familie in Hubertusstock untergebracht. Sie existiert nicht mehr, zumindest nicht mehr für die Öffentlichkeit.

Aus der Familienchronik des Rudolf Protz

„In Joachimsthal in der Uckermark, ganz nahe des Kirchhofs Eingang gegenüber steht ein einstöckiges Häuschen allein (heute Fuhrunternehmen Krupski). Dieses Häuschen hatte einen Vorgarten, den die Stadt Joachimsthal so nach und nach, um für die Templiner Straße Platz zu gewinnen, einschränkte. Es war ursprünglich mit Schindeln gedeckt. Es gehört zu den ältesten Grundstücken Joachimsthals und ist mein Stammhaus. Es gehörte seiner Zeit dem Bader, Chirurg und Barbier „Prell", meinem Urgroßvater. Er war der Einzige seines Berufes in Joachimsthal. Stolz wanderte er durch die stillen Gassen, an der Seite seines Rockes neben seinen mörderischen Instrumenten, wie Barbiermesser und Schröpfköpfen, einen eleganten Stichdegen tragend. Wozu der Degen gebräuchlich war, weiß ich nicht. Vielleicht wollte er wiedermal den Herrn Bürgermeister zur Ader lassen. Meine Mutter nutzte ihn um die Bonbonmasse zu teilen.

Der alte Prell muß ein couragierter Mann gewesen sein. Sein Beruf brachte ihm bald einen geringen Wohlstand, so daß er es sich etwas kosten ließ und 1813 3 französische Chausseurs zur Einquartierung aufnahm. Darunter war einer, der sich zu fein vorkam, die einfache, aber bürgerliche Mahlzeit zu essen. Meine Urgroßmutter kochte eine gehörige Portion Reibekartoffeln und Rindfleisch, da die Kerls über Hunger schrien. Als das Essen fertig war, und in der kleinen Stube links aufgetragen, sah der vornehme Chausseur das Mittagbrot mit großen Augen an, faßte seinen Säbel und spießte das Fleisch mit den Worten auf „Zu viel" und warf es auf das Bett. In diesem Augenblick trat mein Urgroßvater ein, packte ihn beim Kragen und steckte ihn unter das Bett mit den Worten:"Nun friß, du verfluchter Hund, das Fleisch allein auf!" Unter dem Beifall der beiden anderen mußte der Chausseur das Fleisch allein vertilgen ...."

Rudolf Protz war ein Schüler F. Brunolds und des Begründers des Gesangvereins dem Kanter Bernet. Interessant ist die Tatsache, daß Protz, ein Joachimsthaler, bereits 1878 in Berlin die ersten Bedürfnisanstalten baute. Nachweislich waren es die Unter den Linden, Ecke Friedrichstraße, am Domhofplatz und auf dem Gendarmenmarkt. Sie waren aus Holz mit Wasserspülung und hatten Gasbeleuchtung. Später baute man nach seinen Mustern in Charlottenburg, Hamburg, Magdeburg und in Karlsbad solche Toiletten.

„...Ich wurde reich, schenkte der Stadt einen Leichenwagen (der wohl noch heute in Betrieb ist, von Pferden gezogen) und baute auf dem Lehmberg, bei Ernst Schleyers Windmühlenberg, mein Haus.“ Bekannt als „Protzens Hütte“, Gebäude der ehemaligen LPG Eutzsch bei Lutherstadt Wittenberg.

Blick auf Werbellinsee, ehemalige „Pionierrepublik Wilhelm Pieck“

Stockenstroem

Geschichte ist oft wunderlich, wunderlicher sind die Historiker im allgemeinen, noch wunderlicher sind die Heimatforscher. Sie „graben“ alles aus. Damit aber nichts nur irgendwo im stillen Kämmerlein liegen bleibt, soll hier eine Sache zur Sprache gebracht werden, die wohl äußerst interessant ist.

Sie zeugt davon, daß vor vielen Jahrzehnten die Gegend um das große Waldgebiet Schorfheide Zufluchtsort vor Verfolgung war. Alles war dünn besiedelt, wer kam schon hierher.

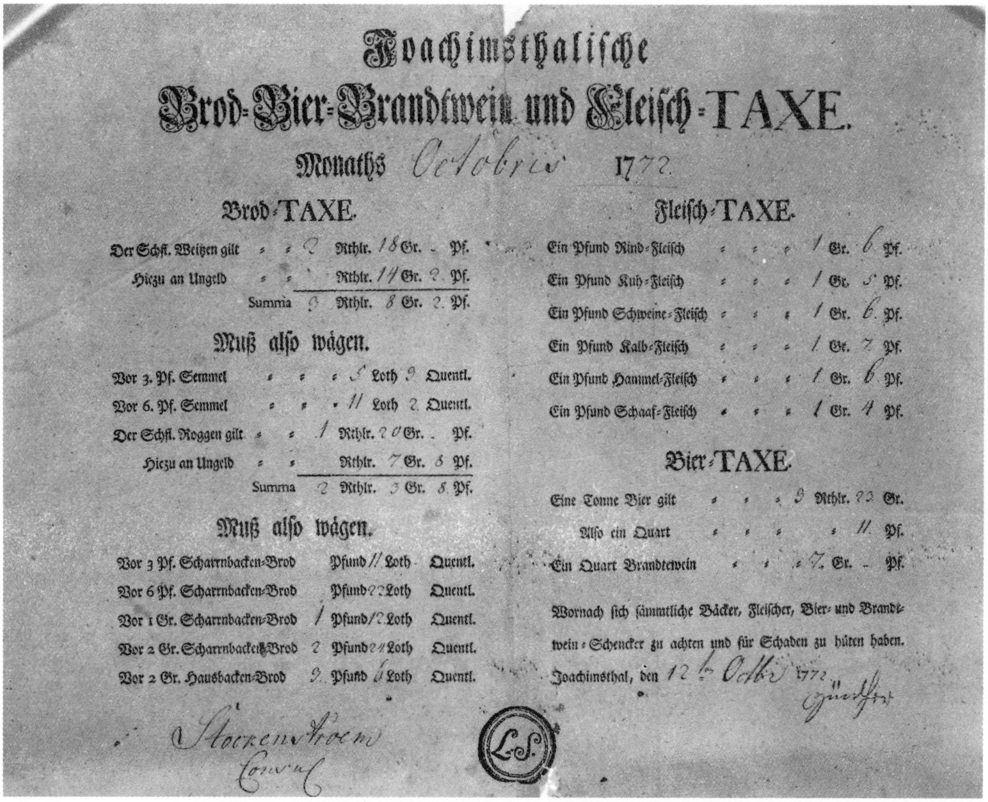

Joachimsthalische
Brod-Bier-Brandtwein und Fleisch-TAXE.
Monaths Octobris 1772.

Brod-TAXE.

Der Schfl. Weitzen gilt	2 Rthlr.	18 Gr.	- Pf.
Hiezu an Ungeld	Rthlr.	14 Gr.	2 Pf.
Summa	3 Rthlr.	8 Gr.	2 Pf.

Muß also wägen.

Vor 3. Pf. Semmel	5 Loth	3 Quentl.
Vor 6. Pf. Semmel	11 Loth	2 Quentl.

Der Schfl. Roggen gilt	1 Rthlr.	20 Gr.	- Pf.
Hiezu an Ungeld	Rthlr.	7 Gr.	8 Pf.
Summa	2 Rthlr.	3 Gr.	8 Pf.

Muß also wägen.

Vor 3 Pf. Scharrnbacken-Brod	Pfund	11 Loth	Quentl.
Vor 6 Pf. Scharrnbacken-Brod	Pfund	22 Loth	Quentl.
Vor 1 Gr. Scharrnbacken-Brod	1 Pfund	12 Loth	Quentl.
Vor 2 Gr. Scharrnbacken-Brod	2 Pfund	24 Loth	Quentl.
Vor 2 Gr. Hausbacken-Brod	2 Pfund	6 Loth	Quentl.

Fleisch-TAXE.

Ein Pfund Rind-Fleisch	1 Gr.	6 Pf.
Ein Pfund Kuh-Fleisch	1 Gr.	5 Pf.
Ein Pfund Schweine-Fleisch	1 Gr.	6 Pf.
Ein Pfund Kalb-Fleisch	1 Gr.	7 Pf.
Ein Pfund Hammel-Fleisch	1 Gr.	6 Pf.
Ein Pfund Schaaf-Fleisch	1 Gr.	4 Pf.

Bier-TAXE.

Eine Tonne Bier gilt	3 Rthlr.	22 Gr.
Also ein Quart		11 Pf.
Ein Quart Brandtewein	7 Gr.	- Pf.

Wornach sich sämmtliche Bäcker, Fleischer, Bier- und Brandtwein-Schencker zu achten und für Schaden zu hüten haben.

Joachimsthal, den 12ten Octbr 1772.

Stockenstroem
Consul

L.S.

Günther

Für 1776 gibt es einen Lehrbrief für einen Schmiedegesellen, der von einem Assessor Stockenstroem, dem späteren Bürgermeister von Joachimsthal, unterzeichnet wurde. Dieser Mann hieß in Wirklichkeit Johann Heinrich von Anckarstroem; und ist aus verschiedenen Gründen interessant, - insbesondere deshalb, weil aus seiner Familie der Mörder des schwedischen Königs Gustav III. stammt. Königsmörder sind jedoch in der europäischen Geschichte recht selten.

Er war Schwede und wurde am 23.04.1725 dort in Lindö geboren. Frühzeitig kam er nach Preussen. Der Sohn seines Bruders ermordete 1792 den schwedischen König Gustav III. während eines Maskenballes. Verdi hat diesen Stoff für eine seiner Opern verwandt. Dieser Mörder hieß Johann Jakob von Anckarstroem; er wurde 1792 hingerichtet. Der Ermordete war der Sohn der Schwester Friedrich II. von Preußen. Stockenstroem, der Bürgermeister, ging nach der Niederlage gegen Napoleon mit dem Königshof nach Memel in Ostpreußen, dort verliert sich für einige Zeit seine Spur.

Am 17.01.1813 wissen wir, starb er in Königsberg.

Mit Sicherheit kann angenommen werden, daß der Onkel Stockenstroem, alias Anckarstroem seinen Neffen hier in Joachimsthal hatte.

Der Münzjude Lippold

Wenn wir die Geschichte der Heide lesen, stoßen wir oft auf seltsame Zusammenhänge und Personen. Eine Geschichte mit authentischem Inhalt sei gestattet zu erzählen. Oskar Schwebel beschreibt in seiner „Geschichte der Stadt Berlin“ einen Vorgang, der hier sinngemäß wiedergegeben wird.

Der Finanzberater des Joachim II., Lippold, saß unter dessen Nachfolger Kurfürst Johann Georg wegen schwerer Missetaten in Untersuchungshaft. Es war aber schwer, ihm etwas nachzuweisen. Als er eines Tages mit seiner Frau, die ihn im Gefängnis besuchte, Streit bekam, schrie diese wutentbrannt: „Ja wüßte der Kurfürst, was du für ein Schelm bist, so würdest du längst gerichtet sein!“ Der Wachposten, der dies hörte, teilte es seinem Vorgesetzten mit und Lippold wurde der „peinlichen Befragung“, einer Folter, unterzogen. Er bekannte sich schuldig; tatsächlich wurde in seinem Haus ein Zauberbuch gefunden. Er wurde abermals „peinlich“ verhört und gestand, er habe, um sich die Gunst Joachim II. zu erlangen, eines legitimen Mittels bedient. Zu diesem Zweck hatte er sich Kleiderteile und Haarlocken des Kurfürsten besorgt und diese an der Wendeltreppe im Schloß Grimnitz vergraben. Lippold wurde hingerichtet und ausgerechnet Leonhart Thurneysser zum Turm, der mit seinen Plänen wesentlichen Anteil am Bau und Betrieb der Glashütten um Joachimsthal hatte, ist es, der in einem Holzschnitt diese Hinrichtung darstellt. Unten im Medaillon ist das Bild des Hofangestellten Lippold zu sehen. Das gefundene Zauberbuch liegt, an einem Strick befestigt, auf seiner Brust. Links wird er mit glühenden Zangen gefoltert, vor Schmerz zuckend dargestellt. Rechts sieht man, wie er mit dem Rade zermalmt wird. Das große Mittelbild stellt seine Vierteilung dar. Klaffend ist bereits die Bauchhöhle geöffnet, das Beil saust herab. Thurneysser schreibt zu seinem Bild den Titel: „Wahrhaftige Abkonterfeyung oder gestalt des Angesichts des Leupold Jüden, samt Furbildung der Exekution“.

Die Unterschrift ist griechisch und heißt: „Wandle der Billigkeit Pfad, denn Übermut fället die Stolzen“. Auf Bitten der Witwe bei Kaiser Maximilian wurden ihr einige tausend Taler für die Kinder ausgezahlt. Diese wahre Begebenheit ist wohl die einzige, in der Hexenprozesse Verbindung mit der Schorfheide hatten.

Der Alte Fritz und der Bürgermeister von Joachimsthal.

Fredersdorf, ein früherer Hautboist, war von Friedrich dem Großen in Anerkennung der Dienste, die er als Kronprinz während seiner Gefangenschaft in Küstrin von ihm empfangen hatte zum „Geheimen Kämmerier" gemacht, benahm sich aber nicht so, wie Pflicht und Dankbarkeit erfordert hätten. Einst erhielt er einen Brief eines alten Bekannten, des Bürgermeisters zu Joachimsthal, mit dem er einen dauernden Briefwechsel unterhielt, und zwar wurde ihm das Schreiben überreicht, im Vorzimmer des Königs, als er im Begriff war, zu diesem zu gehen. Er entsiegelte es, um sich wenigstens mit dessen Inhalt bekannt zu machen. Der König hatte ein Geräusch im Vorzimmer gehört, öffnete die Tür und wurde nun Fredersdorf gewahr, der schnell und verlegen den Brief in die Tasche steckte. „Was

Der Bundespräsident und der Bürgermeister von Joachimsthal

ist das? Was hat er da!“ Ew. Majestät, es ist ein Brief von einem guten Freunde, dem Bürgermeister zu Joachimsthal an mich. „Zeig er mal. Was schreibt denn der neues?“ Der König nahm Fredersdorf den Brief aus der Hand und las ihn. Er enthielt unbedeutende Nachrichten über des Bürgermeisters Privatverhältnisse und seine ökonomische Lage, aber am Schlusse stand die Bitte: Fredersdorf möchte ihm doch recht bald antworten und zugleich interessante Hofneuigkeiten melden. „Da hat er den Brief wieder“, sagte der König nach beendeter Lektüre, „der Mann bittet um baldige Antwort. Es ist dies nicht mehr als billig. Tu Ers auf der Stelle; wenn Er aber damit fertig ist, so zeig Er es mir zuvor“. Fredersdorf befolgte den Befehl und brachte dem Könige ganz unbefangen die Antwort, nichts Arges ahnend, da Friedrich mit ihm in dem gewöhnlichen ruhigen und freundlichen Tone gesprochen hatte. Der König las die Antwort und schrieb darunter:

„Post scriptum. Das Neueste bei Hofe ist, daß der Bürgermeister zu Joachimsthal cassiert sein soll. Friedrich.“

Darauf mußte Fredersdorf den Brief in Gegenwart des König versiegeln und adressieren. Als dies geschehen, wurde der Brief einem Kammerlakaien eingehändigt, der ihn gleich auf die Post bringen mußte. Fredersdorfs Schreck war groß, noch größer aber der des Bürgermeisters, als er einen solchen Brief mit der eigenhändigen Nachschrift des Königs erhielt. Friedrich hatte jedoch garnicht die Absicht, die angekündigte Strafe, die freilich auch sehr hart und willkürlich gewesen wäre, vollziehen zu lassen, sondern begnügte sich damit, dem Bürgermeister zur Strafe für seine indiskrete Neugierde einen Schrecken eingejagt zu haben.

Preußische Pflasterstraßen – fest und holprig

Brunold

In der Aufzählung der Menschen von Joachimsthal darf nicht der fehlen, den wir berechtigt den Heimatdichter Brunold nennen. Mit bürgerlichem Namen hieß er eigentlich August Ferdinand Meyer.

Am 19. November 1811 wurde er in Pyritz (Pommern) als Sohn eines Lehrers geboren. Seine beabsichtigte Baumeisterlaufbahn lassen mißliche

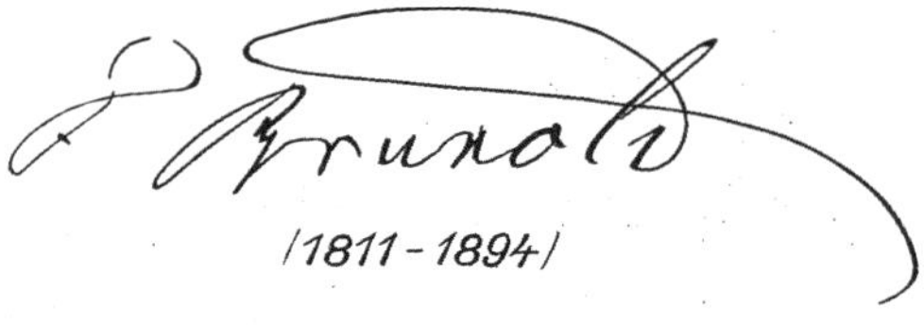

(1811 - 1894)

finanzielle Umstände im Elternhaus scheitern. Als Lehrer an einer Privatschule finden wir ihn kurz vor Beginn der 30er Jahre in Berlin. Bescheidenheit, ehrliches Streben und jugendliche Begeisterungsfähigkeit lassen ihn bald Anschluß finden an eine Berliner Schriftstellervereinigung, der u.a. Adelbert von Chamisso und Willibald Alexis angehörten. Die ersten Liedersammlungen entstehen, sie ernähren aber den nicht gerade vor Gesundheit Strotzenden in keiner Weise. Er verliert seine Arbeit, geht nach Stettin und macht Bekanntschaft mit dem Balladenkomponisten Karl Löwe. 1834 tritt er die Lehrerstelle in Joachimsthal an. Sein Sohn, hier geboren, lernt Schlosser und ist später als Lokomotivführer tätig. Für seine dichterische Tätigkeit erhielt F. Brunold seit 1876 eine jährliche Ehrengabe der Schillerstiftung. Das Werk unseres Heimatdichters ist schon zu Lebzeiten recht unterschiedlich beurteilt worden. Die Anhänger seiner Verse sahen in ihm einen Joachimsthaler Fontane, seine Gegner verurteilten ihn ob seiner kritischen Haltung während der Revolution 1848/49. Zeit seines Lebens, besonders nach Quittierung seines Dienstes als Lehrer (1879) und dem Tod seiner Frau verliert er sich immer mehr in einer überirdischen Welt. Müde, verbittert, zermürbt und seiner Gegnerschaft nicht gewachsen, stirbt er am 27. Februar 1894. 60 Jahre seines Lebens hatte er in Joachimsthal verbracht.

Das Verdienst von Brunold besteht darin, daß er sich um die Erforschung der historischen Stätten rund um den Grimnitz- und Werbellinsee bemühte. Als erster hat er in seinem Roman „Erstes und zweites Leben“ die Gestalt des Markgrafen Waldemar dichterisch verarbeitet. Auf seine Anregung hin erfolgten an der Stelle, wo die Burg Werbellin gestanden, auf Kosten des Prinzen Karl von Hohenzollern 1878 Ausgrabungen von Resten und die Errichtung des Askanierturmes. Weit bekannt sind seine Balladen, die zum großen Teil von Karl Löwe vertont wurden. Sein Gedicht „Der Werbellin“ ist ein echtes Heimatlied geworden.

„Wie ein Gottes Auge glänzet
drüber dunkle Brauen glüh'n,
liegt, von Berg und Wald umkränzet,
märchenhaft der Werbellin.
Und das Nebelkind die Sage,
schmückt mit Blüte ihn und Kranz
längst vergess'ne schöne Tage
steigen auf in vollem Glanz.“

Die Stadt Joachimsthal hat ihm ein stilles Grab gegeben. Inmitten hoher Bäume, im Gerangel aufkommenden Efeus, kaum zu entdecken, steht auf dem Friedhof, einem ehemaligen Weinberg, auf seiner Grabplatte:

„Gehet leise über meines Grabes Flur,
ich schlafe nur.“

Auf dem Brunoldplatz wurde 1899 ein Denkmal von seinen Verehrern eingeweiht. In den Zeiten größter Armut wurde die Bronzebüste im 1. Weltkrieg eingeschmolzen, aber durch Spenden nach dem Krieg wieder errichtet. So schaut er heute von seinem Sockel und staunt, was aus seiner „besinnlichen kleinen Stadt“, so nannte er Joachimsthal, geworden ist.

Die Forstbeamten

Die Geschichte des Waldes ist eng verbunden mit den Menschen, die ihn anpflanzten, pflegten und aberntеten, die das Wild bejagten und die ihn im Auftrage der Obrigkeit verwalteten. Es liegt eine Liste aller Revierverwalter der Schorfheide vor.

Typische Försterei

1555 wird Hans Wahl der erste Heidereiter, sein Sitz ist in Altenhof.

1572 zeigen die Urkunden Klawes Dahms (Klaus Dahms) als Heideläufer an. Mit seiner Versetzung nach Grimnitz wird er der erste Heidereiter dort selbst. Er bekam jährlich 30 Gulden, je 2 Wispel Gerste, Roggen und Hafer vom Amt Chorin. Jährlich ein Paar Stiefel sowie Acker und Wiesen. Er baute sich sein eigenes Haus. Sein Nachfolger ist Andreas Fischer, dessen Bestallungsurkunde aber kein Datum zeigt.

1593 Mathias Schulz

1607 Peter Supen, er besaß auch den Grimnitzer Krug, nach ihm wurde das Supenbruch benannt.

1640 Hans Vibich

1644 Martin Marcus

1672 Christian Marcus

1690 Hans-Heinrich Rehdanz

1712 Johann Conrad Ickler - war preußisch-königlicher Büchsenspanner und ging später nach Ostpreußen.

1741 Heinrich Ludwig Ickler. Er ist der erste Oberförster, die Bezeichnung Heidereiter wird abgelegt.

1767 Johann Friedrich Wegener

1790 Johann Conrad Schlesicke. Er hat als erster eine Revierbeschreibung gegeben.

1809 Samuel Friedrich zur Megede

1842 August von Zychlinski

1848 Carl Philipp Alexander Schmidt

Wilhelm Dunkel

1863 Gustaf Staevie. Noch heute gibt es eine Staevie-Kanzel.
1879 Balduin von Hövel. Er ist der erste Forstmeister.
1919 Kurt Weisswange
1922 Forstmeister Dr. Erhard Hausendorff

Den Forstbeamten ging nicht immer ein guter Ruf voraus. Als Diener des Staates mußten sie auch publikumsunfreundliche Maßnahmen in Angriff nehmen. „Hassend die Tinte, kundig der Flinte" war für sie die Einschätzung der Holzarbeiter. Als Beamte hinter Zäunen wurden die Förster in der Schorfheide hinter vorgehaltener Hand auch „Zaunkönige" genannt.

Rüdiger Flath

Die Holzhauer

Eine interessante Geschichte sei vermeldet. Viele Menschen der umliegenden Städte und Dörfer verdienten ihr täglich Brot mit der Waldarbeit. Sie waren Holzhauer. Als unterste Forstbeamte hatten sie ihrem Lohnherren einen Schwur zu leisten. Der Holzhauerschwur aus dem Jahre 1783 in der Schorfheide hatte folgenden Wortlaut:

Holzrücken in der Heide

„Ich ... ... gelobe und schwöre zu Gott, dem Allmächtigen einen leiblichen Eid, nach dem ich ... ... zum Holzhauer angenommen bin.

1. *Ich will keinen Baum abhauen oder absägen, der nicht vorher angewiesen und mit dem königlichen Forsthammer angeschlagen worden ist.*
2. *Ich will die mir angewiesenen Bäume und anderes Holz so nah als tunlichst an der Erde abhauen oder absägen und solchergestalt nie zu hohe Stücken zurücklassen.*
3. *Ich will aber auch keinen Baum oder anderes starkes Holz, was auch zu Brennholz geschlagen werden soll, mit der Axt oder dem Beil zuvor einkerben, sondern bloss mit der Säge nach richtiger Klobenlänge, oder wenn ein Ast gerade im Wege steht, gleich hinter demselben durchschneiden und insbesondere auch richtige Klafter setzen.*
4. *Ich will auch nichts von den Abfällen, noch weniger also von dem Klobenholze etwas entwenden, will daher auch keine Karre in die Heide mitbringen oder mitbringen lassen, sondern mich lediglich mit dem versprochenen Lohn begnügen.*
5. *Ich will nicht allein für meine Person das alles, was ich gelobet, tun und halten, sondern auch darauf achthaben, daß die übrigen Holzhauer dies alles gleichfalls befolgen. Überhaupt will ich auch jeder und aller Defrandation, Unordnungen und Nachteilen in der Heide ohne Ansehen der Person gehörigen Ortes zur Bestrafung und Abstellung anzeigen. Und mich überhaupt so betragen, wie es einem getreuen und redlichen Holzhauer eignet und gebühret. So wahr mir Gott helfet zur Seeligkeit durch Jesum Christum Amen“*

Heidebauer

Harzgewinnung

Die Bezahlung der Holzhauer im Bereich der Schorfheide war gering. Für einen Klafter, das sind 3,5 m^3 Brennholz, gab es 4 Groschen und 6 Pfennig. Für sonstige Arbeiten in der Forst 5 Groschen pro Tag und als Prämie für gute sorgfältige Arbeit in der Woche zusätzlich 1 Düttchen (30 Pfennige). Das war nicht viel. So kam es schon vor, daß die Lohnarbeiter die Arbeit verweigerten und höheren Lohn forderten. 1764 erfahren wir, wie dem Landjäger aus Groß-Schönebeck Soldaten aus Bernau zur Besänftigung aufgebrachter Waldarbeiter zur Verfügung gestellt werden.

Von Aschebrennern, Teerschwelern und Holzkohlereien

Die Orte Althüttendorf, Alt Grimnitz, Senftenhütte und Schmelze sind Orte in der Schorfheide und deren Randgebiete, die für die Verarbeitung von Raseneisenerz und für Glashüttenbetrieb stehen. Sie alle beziehen riesige Mengen Holz, das vorher durch die Köhler veredelt worden war. Zur Versorgung der Glashütten entstehen große Pottaschensiedereien. Bis 1771 existieren in Joachimsthal 3. Sie verbrauchen soviel Laubholz, daß sie aus Holzmangel schließen. Das anfänglich weit verbreitete Weydaschebrennen aus fauligem Buchenholz mußte eingestellt werden. Die aus Holzasche gewonnene Pottasche (Kaliumkarbonat) war in Preußen unentbehrlich für Schießpulver und Schmierseife.

Heidelbeerstrauch im Frühling und Herbst

Die Teerschweler gewannen aus alten Kiefernstubben Teer, Kienöl und Harz. Das Holz wurde dazu in Öfen eingelagert, die mit Feuerungsholz zum Erhitzen des Kienholzes umgeben waren. Die Stubben im Innern schwelten nur. Durch die Destillation wurde aus den flüssigen aufgefangenen Bestandteilen des Holzes Wagenschmiere und Pech gewonnen.

Der älteste Teerofen in der Schorfheide war der Cöllnsche Teerofen zwischen dem „Langen" und „Krummen Cölln", dessen Entstehungszeit in das 15. Jahrhundert fällt. Urkundlich wird er jedoch erst 1749 mit 157 Morgen Land erwähnt. Anfänglich wurden jährlich 6 - 7 Brände gefertigt, um 1750 nur noch einmal im Jahr. Grund: empfindlicher Mangel an Kienstubben.

1846 brannte der Cöllnsche Teerofen ab. Zornig darüber, daß ein Wiederaufbau von der Forstverwaltung nicht gestattet wurde, nannten sie ihre neue Ansiedlung bei der Försterei Cölln (ab 1928 in Lindhorst umbenannt) Zorndorf. Dieser Ort ist identisch mit der im 18. Jahrhundert gegründeten Kolonie Joachimsthal. Zorndorf, direkt am Zaun der Heide gelegen, ist ein wichtiges Tor zur Heide selbst.

Wilddiebe

Die Schorfheide als ein riesiges Waldgebiet zog nicht nur die Obrigkeit an, sondern auch die Wilddiebe. Hier muß man deutlich differenzieren. Da gibt's die Wilderer, die um des Gewinnes willen die Wälder durchstreifen und alles und jedes Wild zur Strecke bringen. Zweitens haben wir die Wilderer, die aus der Not heraus, zur Beschaffung von Fleisch, zur Flinte greifen. Und da haben wir drittens die Wilderer aus Passion. Solange es Wild gibt, solange wird es auch Wilderer geben. Irgend jemand schrieb einmal: „Jagen ist ein Vergnügen, Wildern aber ein Hochgenuß!"

Am Schulsee

In die Falle gegangen

Von diesen Gesichtspunkten ist die Geschichte der Wilderer in der Heide zu sehen.

Bereits 1573 erläßt Kurfürst Johann Georg eine strenge Ordnung mit Strafen gegen ...“etliche ungetreue Untertanen, welche eides vergessen, diebischer Weise Wildbret schiessen...“. Die Gründe für dieses Edikt liegen in der Tatsache, daß ein Heideknecht und 2 Wandersleute, die den Dieben wohl auf der Spur waren, erschossen wurden. Um den Räubern Herr zu werden, wird angeordnet, daß die Fellverwerter, die Weißgerber, keine Wildhaut ohne das Zeichen des Jagdinhabers und einem Schreiben von ihm annehmen dürfen.

1718 ergeht sogar der Befehl, Wilddiebe sofort aufzuhängen. Trotz Androhung der Todesstrafe nimmt die Zahl der Straftaten nicht ab. Während des 7jährigen Krieges durchstreifen ganze Banden die Wälder. Wieder versucht man, mit drakonischen Strafen ihrer Herr zu werden. Für die einmalige Verletzung des Jagdrechtes stehen 1730 6 Jahre Festungshaft an der Karre. Das gleiche Urteil wird über den Hehler verhängt.

Die zum Tode verurteilten Wilddiebe werden in Joachimsthal am Galgenberg ihrer Strafe zugeführt. Die Hinrichtung ist jedesmal mit einem Volksfest verbunden. Aber die Wilddiebe fallen auch oft im Gefecht mit den Förstern. Am 1. Januar 1877 ist es der Wildschütz Simon aus Groß-Dölln. An ihn erinnert noch das Simonsbruch. Die Wilddiebe wohnten in den einsamen Dörfern und Flecken der Heide. Sie kannten das Leben und die Gewohnheiten der Forstbeamten und wußten diese Kenntnisse für sich zu nutzen. In Joachimsthal gab es bis 1900 ganze Straßen, z.B. Hirten- und Mühlenstraße, in denen die Wilddiebe wohnten. Man kannte sie, konnte sie aber kaum fassen. Der Großvater war ein Wilddieb, der Vater war ein Wilddieb, der Sohn und der Enkel sind es auch, hieß es unter vorgehaltener Hand.

Auch heute sind Wilddiebe unterwegs, so fand man erst 1991 eine „fängig“ gestellte Schlinge. Fischdiebe angeln wild am Grimnitzsee, diegleichen sind im Naturschutzgebiet Lubow mit ihren drahtgeflochtenen Reusen zu finden. Selbst in unterirdischen Drainagerohren fand man am Schulsee Netze zum Fang der Aale.

Das Schulze-Denkmal

Unweit von Hubertusstock am östlichen Ende des Jagen 22 steht das Schulze-Denkmal, zur Erinnerung an den Tod des Forstjägers Schulze, der am 21.10.1832 von einem Wilddieb erschossen wurde. Dieses Ereignis rührte viele Menschen der damaligen Zeit und auf den Jahrmärkten sangen die Moritatensänger folgendes Lied:

„Grausam ist es, zu beklagen
Was bei Joachimsthal sich
In dem Walde zu getragen
Für eine grosse Frevelthat.
Der Oberförster ließ erschallen
am Morgen früh den Jagdgesang
Heute soll die Büchse knallen
Auf Hirsche, ohne Fehl und Zwang.
Doch im Walde angekommen
Wildschützen sich zeigen bald
Kaum hat's Jäger Schulz vernommen
Springt vom Wagen er, ruft's „Halt“
Ihr seid nicht auf rechten Wegen
gleich gebt Eure Flinten her,
Euch das Diebeshandwerk zu legen
Ist Herrn Oberförsters Begehr'!
Einer spricht: Komm her geschwinde
Dich hat ich schon auf der Spur
Schiesset auf ihn ab die Flinte
Leicht verwundet er ihn nur.
Schulz von Rach' und Wut durchdrungen
Jagt den Speer ihm gleich durchs Herz
Schüler kommt herbei gesprungen
Schiesst auf Schulzen: welch ein Schmerz
Dies der Oberförster siehet
Dringt auf die Wilddiebe ein
Und vergeblich er sich mühet
Schulzens Retter noch zu sein
Wildschütz Schüler wird gebunden
überliefert dem Gericht
Doch aus Schulzens Schmerzenswunden
Rinnt das Blut, nur matt er spricht.
Doch sein Mörder muss nun büssen
Wie's steht im Gesetzbuch klar
Festungsstrafe, schwer verfliessen
Ihm die fünf und zwanzig Jahr
Wer des Liedleins Singemeister?
Wollt ihr wissen nun so hört!
Johann Wilhelm Kunger heisst er,
wohnt in Neusadt ungestört.“

Tatsächlich stammte der Wildschütz aus Joachimsthal und saß einige Jahre in Stettin in Festungshaft. Er konnte fliehen und tauchte bei einem Markttag am Talgberg auf. Joachimsthaler Bürger erkannten ihn, Schüler floh und ist wahrscheinlich nach Amerika ausgewandert. Um die Tat nicht zu vergessen, wurde in den letzten Monaten das Schulze-Denkmal restauriert. Viele Besucher suchen es in der Heide auf.

Dampferanlegestelle Wiedenhöft

Die Geschichte des Holztransports

Mit der Nutzung des Waldes für die Deckung des Holzbedarfs stellte sich die Frage seines Abtransports. So ist sicherlich das Herausschleifen des Holzes aus den dichten Beständen zunächst nur mit Muskelkraft geschehen. Mit dem Einsatz von Tieren, anfangs waren es Ochsen und Kühe, später Pferde, wurde die Arbeit wesentlich erleichtert. Unter großen Mühen schaffte man das Holz der Schorfheide zu den Holzablagen am Werbellinsee und zum Döllnfließ. Von hier aus ging es als Floßholz in die Havel und zur Oder. Mit dem allmählich eintretenden Wassermangel wurden diesen Wegen Grenzen gesetzt.

Unter dem Forstmeister Balduin von Hövel begann man in der Heide transportable Waldbahnen, die von Pferden gezogen wurden, einzusetzen. Die erste Strecke ging vom Döllnsee bis zur Ablage Michen am Werbellinsee.

1897 wurde diese Bahn auf die Reviere Reiersdorf und Zehdenick erweitert.

Bereits um 1900 zeigte sich, daß bei steigendem Einschlag von Holz die Kapazität dieser Waldbahnen nicht mehr ausreichte.

So ordnete 1904 der Kaiser persönlich an, die Pferde durch eine Spiritusmotorlokomotive zu ersetzen. Eine Steigerung um das 3fache war damit möglich geworden. 1908 erfolgt die Verlängerung durch die Reviere Pechteich und Groß-Schönebeck bis hin zu den Ablagen Höpen und über Vogelsang zur Ablage Burgwall an der Havel. Diese Bauten geschahen im Rahmen einer Truppenübung des Eisenbahnregiments Berlin auf Befehl des Kaisers.

Damit verfügten die Eisenbahnen im Wald über

120 Langholzwagen
100 Kipploren
12 Plattenwagen
20 Kastenwagen und verschiedene Unterstellschuppen für die Lokomotiven.

Ende der 20er Jahre wurde der Abtransport des Holzes mit diesen Bahnen eingestellt. Nur noch die Namen Waldbahn und Schwarze Bahn als Straßennamen bei Joachimsthal erinnern daran.

Es begann die Zeit der Pferdegespanne, später der motorisierten Langholzwagen. Bis in die allerjüngste Zeit erfolgte die Abfuhr mit Lastkraftwagen. Im Wald selbst ist man wieder dazu übergegangen, mit schweren Pferden zu rücken, eine weitgehende Schonung des Waldbodens ist das Ziel.

Die Geschichte des Wildzaunes

Zäune und Mauern sind langlebig. Aber eines Tages fallen auch sie. Spätestens seit dem 9. November 1989 ist die Schorfheide, das große Waldgebiet im Norden Berlins wieder im Gespräch. Wer sie danach besucht hat, weiß, daß dieses einst fürstliche Jagdgebiet noch heute von einem mächtigen Drahtzaun umgeben ist. Das Dasein der Umzäunung hat eine lange Geschichte.

Als Ortschronisten 1930 die Akten in Liebenwalde durchstöberten, fanden sie im Erbregister unter der Jahreszahl 1589 die Nachricht von einem „großen Zaun“, der die Werbelliner Heide umgab, eingetragen. Das ist wohl die erste Erwähnung dieses großen Unbekannten. Die 2. Nachricht kommt von Nicolaus Leutinger, der 1592 in seinem „Scriptorum de rebus Brandenburgensis“ die Grimnitzsche Heide beschreibt und erwähnt: „sie ist mit einem neun Meilen langen sehr hohen Zaun von der Havel bis an die Oder wie von einer Mauer umgeben, sehr zum Nachteil des uckermärkischen Adels.“

Aber auch der große J.C. Beckmann kannte den großen Wildzaun und gibt seinen Verlauf wieder.

1720 erscheint der Verlauf dieser Einzäunung erstmals auf einer handschriftlichen Karte. Dort deckt sich der Verlauf des Zaunes mit der Grenze gegen die Uckermark und gegen Mecklenburg. Um 1750 finden wir nur Karten, die beschriftet den Verlauf des Zaunes darstellen. Von nun an beschäftigen sich viele Dokumente mit ihm. Zwar geben die alten Akten wenig her

über Aufgaben und Zweck dieses Zaunes, aber eines wird klar, daß die Kurfürsten sich mit seiner Hilfe vor den Jagdübergriffen seitens der benachbarten Ritter schützen wollten; und das Überwechseln des Wildes in die südliche Uckermark zu verhindern suchten.

Mit einiger Sicherheit können wir annehmen, daß er um 1540 gebaut wurde, und zwar in Teilstrecken über mehrere Jahre verteilt.

1602 schreibt der Gründer der Stadt Joachimsthal Joachim Friedrich von Burg Grimnitz aus einen Brief an die von Greiffenberg und teilt ihnen mit: „der Zaun besteht schon viel und lange Jahre, es wird nichts mehr geändert.“ Die Umzäunung hatte die beachtliche Länge von 70 km, in anderen Quellen wird sogar von 90 km gesprochen.

Er begann am „Forsthaus Breitefenn“ am Parsteinsee, eine halbe Meile von Oderberg, und nordöstlich von Neuendorf, ging über die Gemarkungen Brodowin, Großziethen, Glambeck, Poratz, Ahlimswalde, Reiersdorf, Vietmannsdorf und endet bei Marienthal an der Havel. Er bestand aus „hohen Stacken und Stäben“, die miteinander verbunden waren.

Um 1650 nach dem 30jährigen Krieg war der Zaun baufällig geworden. Der Große Kurfürst ließ ihn von 1665 - 1670 mit Flechtwerk erneuern. Er erteilte dem General von Götze den Befehl, 30 Soldaten abzukommandieren und zahlte jedem 3 Groschen Löhnung mehr. Die Kosten betrugen summa summarum 8.181 Taler.

Damit die Unterhaltung in Zukunft billiger wurde, setzte man entlang des Zaunes in gewissen Abständen 12 Zaunsetzer ein, denen man Rodungsland gab und für dessen Nutzung sie zur Erhaltung des Zaunes verpflichtet waren. 1702 wird er noch einmal richtig und ordentlich instandgesetzt. Danach verlieren sich die Nachrichten. Der Zaun zerfällt. Alte Namen erinnern noch an sein Bestehen. Die Ortschaft „Zaun“ oder auch die Bezeichnung „Zaunkönig“ für den Leiter der Schorfheide sind Beispiele.

1728 schreibt der Pächter der Glashütte Krause, daß der Wildzaun „numehro umbgefallen und was von selbigen Plancken nicht verfaulet, solche werden von den Leuten weggestohlen“. Krause bittet deshalb darum, diese Planken zur Ausbesserung der Vorwerkzäune nutzen zu dürfen. Im gleichen Jahr erhält der Oberförster Ickler die Anweisung, sich so viel Planken vom Zaun zu nehmen, wie notwendig sind, forstliche Einrichtungen zu erhalten. Den Rest soll er verkaufen. Mit dem Zerfall des Wildzaunes, und das läßt sich mit Zahlen belegen, nahm auch der Wildbestand erheblich ab. Das Wild wechselte in andere Reviere über. Die ehemaligen Zaunsetzerstellen blieben. Aus alten Dokumenten sind uns sogar noch einige Namen überliefert worden: aus Liepe David Hertzberg, aus Grimnitz Christian Werdermann, aus Reiersdorf Gottfried Wittkopf und in Zehdenick waren es Martin Muhme und Peter Stern. Mit der Erbauung des Jagdschlosses Hubertusstock 1847/49 wurden auch die ersten Versuche unternommen, den alten Zaun im Norden der Heide wiederherzustellen.

In den 30er Jahren wurden große Teile der Heide erneut wieder eingezäunt. Als 1945 der Krieg zu Ende ging, fiel auch dieser Zaun. Den Draht konnte die sowjetische Besatzungsmacht gebrauchen, die Pfähle die Einwohner von Friedrichswalde, Reiersdorf, Gollin und den anderen Ortschaften.

Saufang

Einsprung

45 Jahre danach steht wieder ein mächtiges Bauwerk in der Heide, ein von der Armee und Holzarbeitern gebauter Zaun mit Wildeinsprüngen und Saufängen, mit sorgfältig sich schließenden Toren und bestehend aus verzinktem Draht. Bezahlt mit Devisen. Die Schorfheide ist gegenwärtig Bestandteil eines von der UNESCO sanktionierten Biosphärengebietes, das auch Teile der Landschaften um Chorin eingliedert. In der Pressekonferenz am 21.08.91 in Groß-Schönebeck werden Empfehlungen für die Wildbewirtschaftung dieses Gebietes gegeben.

Zitat: „Überhöhte Schalenwildbestände sollen rasch unter Einsatz aller gesetzlich vertretbaren Mittel drastisch reduziert werden. Bis zum Abschluß der Reduzierungsmaßnahmen bzw. ihrer spürbaren Wirksamkeit, sollen in der Schorfheide die Wildzäune dicht bleiben und im gesamten Gebiet Wildäsungsflächen, Fütterungen und Wildschadenverhütungsmaßnahmen in örtlich angemessenem Umfang weiter erfolgen.“

Die Seen in der Heide

Grimnitzsee

Der größte See am Rande der Schorfheide ist der Grimnitzsee. Er hat die stattliche Wasserfläche von 830,48 ha und liegt mit Seespiegelhöhe 65,1 m im über NN. Er entstand durch Ausschürfung zur Zeit der Pommerschen Eisrandlage. Sein Name ist uralt. Heimatforscher meinen, er könnte vom slawischen Wort „grimeti“, das heißt zu deutsch „donnern, dröhnen“, abgeleitet sein. Das könnte sich auf das Verhalten des flachen Sees bei Sturm und Wellengang beziehen bzw. im Winter, wenn der See zugefroren ist und dann unter donnerähnlichen Geräuschen, Risse im sich ausdehnenden Eis bilden. Buttmann meint, es bestehe ein Zusammenhang mit dem slawischen Wort Pilz. Die wahrscheinlichste Deutung könnte aber das Wort Kremii (Kremiak, Kreml) sein, dessen Übersetzung „der Feldstein“ außerordentlich in die Gegend des Grimnitzsees paßt. Grimnitzsee gleich Steinsee wäre mit den hier zu findenden vielen Steingruben in Einklang zu bringen. Der See, der schon immer zum Amte Liebenwalde gehörte, wird erstmals im Jahre 1375 urkundlich erwähnt. Es wird uns mitgeteilt, daß er und der Werbellinsee für 21 Talente Berlinischer Pfennige verpachtet wird. In alten Zeiten lag die Grundsohle der entwässernden Graben fast 3 m tiefer als heute. So war es zu Zeiten der Markgrafen Otto und Conrad möglich, mit Booten den See im Norden, beim Aalkasten, in der Nähe des Hofes der Familie Melzow zu verlassen. Über den Dovinsee ging es in die Welse, über die Glambecker Mühle in die Randow, von hier in die Oder zur Ostsee. Diese Entwässerungsmöglichkeit gibt es heute nicht mehr. Heimatfreunde haben öfter versucht, bei hohem Wasserstand, einen Abfluß wieder herzustellen.

Wasserscheide Werbellin- und Grimnitzsee

Schon immer verpachtete der Fiskus den See, meistens in Abschnitten von 6 Jahren. Aktenkundliche Nachrichten finden wir aber erst nach 1650. Nach dem großen 30jährigen Krieg wurde der fischreiche See mit großen Kosten wieder in Ordnung gebracht. Er sollte fortan „durchaus geschonet und vier dero Churfürstlicher Durchlaucht Hofküchen einig und allein gebraucht werden“. So wurde dem Amtsschreiber in Liebenwalde befohlen, „diesen See hinführo mit keinem Fischerzeuge, es habe Namen wie es wolle, zu befischen“. Gegen die Raubfischer ging man mit harten Strafen zu Felde.

06.06.1691: „Wir vernehmen und kommen auch deshalb viel Klagen ein, dass sich der Heidereiter Christian Marcus der oftmaligen Verordnung zuwider untersteht Katzen (Chaten - sind Kähne mit Netzen) im Grimnitzschen See zu setzen. Erwischen wir ihn und die Glasbrenner werden wir ihre Boote zerschlagen“.

Lange wurden die königlichen Residenzen mit Barsch, Zander, Karausche, Blei, Schlei, Rotfeder, Plötze, Güster, Wels, Hecht und Aal versorgt. Bis in die 20er Jahre des 20. Jahrhunderts hinein war für die Fischer das Fangen der kleinen Ukelei ein lohnendes Geschäft. Von verankerten Kähnen wurden mit Hilfe engmaschiger Zugnetze die „Ukelei Waaden“, die Fische gefangen. Dies geschah besonders im Herbst. Die Ukelei wurde in Kästen gesammelt und in der Schupperei ihrer silberglänzenden Schuppen entledigt. Von hier gelangten sie in großen Mengen in die Perlenfabriken, wo dann daraus Perlmutt für Ansichtskarten, Taschen und andere Souvenirs gefertigt wurden. Seit 1825 besitzt die Familie Otto bis nach 1945 den See in Pacht, dann die Familie des Fischers Schmidt. In den letzten Jahren wurde der See durch die Binnenfischerei Frankfurt/Oder bewirtschaftet. Sie unterhielt eine intensive Karpfenmast. Am Nordufer befand sich eine Entenfarm. Die Fütterung und die zusätzliche Düngung führten zu einer starken Faulschwammbildung und damit zur Verschlechterung der Qualität des Wassers. Um den See für die Erholung weiter nutzen zu können, mußten beide Intensivhaltungen eingestellt werden.

Der Grimnitzsee ist für viele Wasservögel, wie Haubentaucher, große und kleine Rohrdommeln, verschiedene Entenarten und Rallen Brutgebiet. Im Herbst sammeln sich Tausende von Zugvögeln an seinen Ufern oder übernachten auf dem flachen See. Die maximale Tiefe dürfte bei 12 m liegen. Biberburgen und gefällte Pappeln lassen erkennen, daß dieser große Nager hier seine Heimat hat.

1959 wurde der Grimnitzsee zum Landschaftsschutzgebiet erklärt. Seit 1965 wird er gemeinsam mit dem Werbellinsee dem Landschaftsschutzgebiet Schorfheide zugeordnet.

Wollgras – Blüte und Fruchtstand

Der Werbellinsee

Während der Grimnitzsee in Richtung Oder entwässert und eine Wasserscheide darstellt, fließt das Wasser des Werbellinsees in die Havel, in die Elbe und dann in die Nordsee. Der Werbellinsee liegt 22 m tiefer als der Grimnitz-

Ton- und Sägewerke am Werbellinsee

see, hat eine Fläche von 785,92 ha, ist maximal 61 m tief, an seinen breitesten Stellen bis 1300 m breit und fast 13 km lang. Beide Seen sind durch einen Graben, dem Neuen Graben, miteinander verbunden. In vergangenen Zeiten stand am heutigen Wasserfall eine Mühle. Später errichtete der Unternehmer Falkenberg ein Wasserkraftwerk, mit dem er die am Ufer des Sees im Bereich Joachimsthal liegenden Gebäude, das Ton- und Sägewerk mit billigem Strom versorgte. Heute sind nur noch Ruinen zu sehen.

Wie so oft mit alten Namen gibt es in der Deutung mehrere Varianten.

Karl Wilke schreibt 1907 in einem Aufsatz: „Werbellin gleicht der Waberlohe, vom altdeutschen „Werben", das heißt wiederkehren und findet sich im Wort „Wirbel" wieder; lin, lyn oder lychen heißt „glühen, leuchten". So könnte Werbellin - Sonnenwende heißen. Der Name verweist damit auf jene Zeiten zurück, wo man glaubte, daß im Schoße dieser gewaltigen Heide die große Leuchte, das Sonnengestirn wiedergeboren werde und jeden Tag aufs neue aufstieg. Man übertrug den Namen des Waldes auf den See. Die untergegangene Stadt ist sinnbildlich als Lichtburg zu verstehen."

Die Ableitung kann aber auch aus dem slawischen Wort -varbl-, das heißt Sperling, kommen. Der Verfasser möchte sich aber einer anderen Erklärung anschließen. 1788 wird der Werbellinsee so beschrieben: „...er ist reich an Weidenbüschen und hat eine alte Mühle..."

Im slawischen Sprachgebrauch kennt man die Wörter -warp- heißt Weidengebüsch, -werpen- heißt Weidenbaum und -mlyn- heißt Mühle. Wahrscheinlich nannten die ersten Anwohner ihren See Weidensee oder Werbellinsee.

Der Boden des Sees stellte sich bei Lotungen als sehr uneben heraus. So kennen wir den Großen und Kleinen Maränenberg zwischen dem „Süßen Winkel“ und der Ablage „Spring“, den Hesselberg, nördlich von Altenhof und Michenberg, Berg bei der Michener Holzablage. Die beiden ersten Erhebungen im See können für die Berufsschiffahrt und den Bootsverkehr gefährlich werden. Sie sind deshalb auch mit Bojen gekennzeichnet. Hier gibt es gute Angelplätze. Die Petrijünger nennen diese Stelle auch den Barschberg. Das Ostufer ist flacher als das Westufer. So ist bekannt, daß an der Ablage Dahmsgraben, um das Anlegen eines Dampfers zu ermöglichen, 51 m weit, ein Steg in den See hineingebaut wurde.

Das Wasser des Werbellin ist noch verhältnismäßig klar. Bei entsprechender Fürsorge könnte das auch weiterhin so bleiben.

Viele Dichter haben den herrlichen See besungen und dazu beigetragen, daß jährlich Tausende von Touristen ihn besuchen, bestaunen und bewundern.

Seit Anfang des 18. Jahrhunderts hat die Familie des Fischers Martin Heide den See in Pacht. Eine prächtige Trinkflasche mit dem Konterfei des Fischers aus dem Jahre 1705 belegt das.

Über Jahrhunderte diente der Werbellinsee als Transportweg für Feldsteine aus den Steingruben rund um den See, für Töpferwaren aus Joachimsthal, für Zement aus Wildau, für Steine aus den königlichen Ziegeleien und für

Yachthafen

Fischerei bei Altenhof

Seebad Altenhof - Schorfheide, Anlegestelle

Tonröhren aus dem Tonwerk in Elsenau. Alles wurde auf Schiffe mit riesigen Segeln geladen und über den Werbellinseekanal, dem Oder-Havel-Kanal nach Berlin geschafft. Aber auch die mächtigen Holzstämme, zu großen Flössen zusammengezimmert, trug der Werbellinsee auf seinem Rücken. Als am 13. November 1972 ein alles vernichtender Orkan über die Schorfheide hinwegzog, fielen Zehntausende von Kiefern ihm zum Opfer. Um das Holz zu retten, wurde es in den Werbellinsee geworfen. Das gesamte Nordufer war bis zur Hälfte des Sees mit Holzflössen bedeckt. Nach und nach wurden sie in den umliegenden Sägewerken bearbeitet. Das Gewässer ist heute Bestandteil des Biosphärenreservates Schorfheide-Chorin.

Rosmarinheide

Schwertlilien

Moosbeerenblüte

Sonnentau

Wollgras – Silberfäden im Sommerwind

Kloster Chorin

Es ist sicherlich nicht unrechtens, wenn in einem Buch über die Schorfheide auch einiges gesagt wird zum Kloster Chorin. Ist doch der Wald mit Chorin und Umgebung durch das Biosphärenreservat Schorfheide-Chorin erst in jüngster Zeit in Verbindung gebracht worden. Zehntausende Gäste aus dem In- und Ausland besuchen dieses inmitten herrlicher Wälder gelegene Kleinod in der Mark Brandenburg. Chorin ist mit der Eisenbahn Berlin-Eberswalde-Angermünde zu erreichen. Mit dem Auto gelangt man auf vielen Zufahrtswegen zu diesem Zisterzienserkloster. Die Idee, ein solches Kloster zu bauen, ging wohl von den Mönchen aus Lehnin aus. Blättert man in der Geschichte des gewaltigen Bauwerks, findet man den Ursprung nicht in Chorin selbst, sondern am Parsteinsee. Auf der Halbinsel Pehlitzwerder beginnen um 1258 die ersten Bauarbeiten; nach wenigen Jahren wird hier der Aufbau abgebrochen. Die klimatischen Bedingungen, der Baugrund, die fehlenden Baumaterialien vor Ort bedingen eine Verlegung an den Amtssee in Chorin, dem jetzigen Standort. Wir schreiben das Jahr 1273. Nach fast 60jähriger Bauzeit ist 1334 das Kloster fertig. Was da entstanden war, sah ganz anders aus als z.B. das Mutter-Kloster in Lehnin. Chorin ist in seiner Grundhaltung heiter, fast zierlich, zu nennen. Die Ursache liegt wohl darin, daß die gesammelten Erfahrungen bei anderen Klosterbauten hier von großen Baumeistern und erfahrenen Fachleuten des Ordens in Anwendung gebracht wurden. Sehr gut beherrschten sie den Ziegelbrand und beeinflußten mit ihren Bauten die Backsteingotik auf das Nachhaltigste.

Wie die meisten Zisterzienserbauten ist die Kirche des Klosters eine turmlose, dreischiffige, kranzförmige Pfeilerbasilika mit einjochigem Vorchor und dem aus sieben Seiten gebildeten Polygon. Besonders interessant ist die als Schaufassade ausgebildete turmlose Westfront mit ihrer streng, aber nicht symmetrisch gestalteten Dreiteilung vor den 3 Kirchenschiffen. Der Baustil ist frühgotisch, da das Kloster jedoch in der Übergangsperiode von der Romanik zur Gotik entstand, sind beide Formen überall zu finden. Dem aufmerksamen Beobachter entgehen aber auch nicht vorhandene orientali-

1. Hubertusmesse nach der Wende

sche Bauelemente. Das Kloster ist wohl zu recht in seiner Gestaltung und Bautechnik einzuordnen als Höhepunkt brandenburgischer Backsteingotik. Das Können der Choriner Mönche war bei vielen anderen Bauten in der Mark gefragt. Sie waren aber nicht nur hervorragende Baumeister, sondern sie setzten alte Mühlen wieder in Gang, sanierten verrottete Gebäude und halfen bei Burgneuerungen. Sie halten Kontakte zu den Churfürsten, berieten und besuchten sie auf ihren Burgen in Breden, Werbellin und Grimnitz, feierten mit ihnen, waren Menschen, die in's Leben paßten. In Chorin lebten zeitweise bis 500 Mönche.

1542 mit dem Einzug des Protestantismus und entsprechend der Formulierung auf dem Augsburger Religionsfrieden „cuis regio, luis religio", zu deutsch: Wessen Land, dessen Religion" vom Jahre 1555 wird das Kloster aufgelöst. Das dazugehörige Land kommt in die Hände der brandenburgischen Churfürsten. Der Große Krieg von 1618-1648 macht auch an den Mauern der Geistlichkeit keinen Halt. Mehrmals fallen die durch die Region ziehenden Landsknechte nach dem Motto „Der Krieg muß den Krieg ernähren" über die Mönche her und setzten das Bauwerk nach gründlicher Plünderung in Brand.

Teile müssen abgetragen werden. Die Obrigkeit versucht, mit spärlichen Mitteln dem Verfall Einhalt zu gebieten. Doch die Not in der gesamten Mark Brandenburg ist nach dem Kriege überall zu Hause, es reicht nicht für alle.

Um das Bauwerk der Nachwelt zu erhalten, beginnen in unserem Jahrhundert Erhaltungs- und Rekonstruktionsmaßnahmen.

Als Besucher der Klosteranlage muß man auch den kleinen Friedhof besuchen. Interessante Grabsteininschriften mit sonderbaren Titeln sind zu sehen. Er ist auch letzte Ruhestätte brandenburgischer Kurfürsten.

Gegenwärtig sind die Arbeiten an den Kellergewölben zu erkennen. Seit vielen Jahren finden unter reger Teilnahme der Bevölkerung und ihrer Gäste die Choriner Sommerfestspiele statt. Prominente Chöre und Ensembles bieten hochkarätige Kunst.

Chorin ist zu jeder Jahreszeit eine Reise wert.

Kloster Chorin

Kloster Chorin. Kapelle.

Verlag v. C. F. Habermann, Eberswalde.
Gruss aus Chorin
Alte Klosterschänke.

Allerlei Nachrichten und Interessantes aus der Schorfheide

1740 berichtet Pfarrer S.D. Hartmann folgendes nach Berlin: „Im hiesigen Kirchspiel passieret eine Geschichte. Es ist nämlich dieselbe eines verstorbenen Glasmachers nachgelassenes Weib, deren Mann Elias Assmann hieß. Diese Frau war bei Absterbung ihres Mannes schwanger, und da die Zeit kam, dass sie gebären sollte, war ihr Leib verschlossen und das Kind musste im Mutterleib sterben, die Leutchens, die um ihr waren, gebrauchten nach ihrem Vermögen allerlei Mittel, die tote Frucht von ihr zu bringen, aber es war bei aller Mühe alles vergebens. Die tote Frucht blieb bei ihr und fing an zu putrifiziren, also, dass ich bei meiner Besuchung vor dem üblen Geruch kaum Dauern konnte, ich und einjeder, der diese Frau in diesen Umständen sah, konnte nicht anders urteilen, als das die Intime dieser Person von der toten Frucht müssen angesteckt werden, folglich die Frau eine elende Art krepieren. Allein zu jedermanns Verwunderung ist es geschehen, daß die Natur an dem Teil des Leibes, wo der Nabel ist, eine Öffnung gemacht, woraus die tote Frucht stückweise gekommen, wovon man mir einige Stücken und Knöchelchen gewiesen. Nachhero ist die Wunde wieder zugeheilet und die Frau frisch und gesund geworden, so daß sie nach der Zeit wieder ein lebendiges Kind geboren.“

Brandschutzstreifen

Daß die Förster in der Schorfheide „Zaunkönige“ genannt wurden, geht auf die Aussage eines Forstmeisters unter Göring zurück und ist geläufig. Weniger bekannt sind die folgenden Aussprüche: Vor dem 1. Weltkrieg hieß es über die Forstbeamten in der Schorfheide: „Zuerst kommt der liebe Gott, dann seine Majestät, dann der Förster in der Schorfheide.“

Nach 1918 hieß es dann: „An den lieben Gott will keiner mehr so recht glauben, seine Majestät gibt es nicht mehr, also bleibt nur noch der Förster in der Schorfheide.“

Jagdhütte am Cöllnsee

1555: „8 Tage heftige Winde, in der Nähe von Reiersdorf hat es einen Schäfer samt seinen Schafen aufgehoben und auf das andere Feld gesetzet. Am 7. Februar 1740 waren -39° Celsius, so daß die Spucke sofort zu Eis erfror.“

Joachim von Schabelow heißt der stärkste Mann, er ist 1574 in Zehdenick gestorben.

Sommer 1991
Bundespräsident Richard von Weizsäcker besucht den Werbellinsee und das „Hotel am Werbellinsee“. Damit kehrt er zu der Stelle zurück, wo einst ein Reichsarbeitsdienstlager bestand, in dem er Dienst tat. Bei dieser Gelegenheit besuchte er auch den Bürgermeister von Joachimsthal. Alles ohne Protokoll, rein privat.

Sommer 91
Der Enkel des letzten Kaisers Wilhelm II. besucht den Ort seiner Vorfahren. Fährt vom Kaiserbahnhof kommend über den Werbellinsee nach Wildau, besichtigt den Askanierturm und Hubertusstock.

210,30 Punkte · Goldmedaille Wildfang 161 · 17. 09. 1987

„Am Abend des 18. September erlegte Hans-Henning Eisermann, Mitglied der Jagdgesellschaft Britz, Kreis Eberswalde, im Golzower Knack einen kapitalen Rothirsch, einen ungeraden Dreißigender. Die zwei Stangen sind jeweils über einen Meter lang und außerordentlich stark. Das Gewicht der abgebildeten Trophäe betrug über zehn Kilogramm. Das Wildbretgewicht des zehnjährigen Hirsches wurde mit 144 Kilogramm angegeben.

Eine erste Bewertung nach der Internationalen Formel ergab 238 Punkte. Damit wird der bisherige DDR-Rekord von 233 Punkten, 1980 im Kreis Prenzlau registriert, übertroffen. Das Geweih wird sowohl auf der nächsten nationalen Trophäenschau, 1986 auf der agra, als auch auf der nächsten Weltausstellung gezeigt. Der Weltrekord beträgt zur Zeit fast 270 Punkte und wurde mit einem Rothirschgeweih aus der Ungarischen Volksrepublik erzielt.

Die Endenzahl des Hirsches aus dem Golzower Knack ist ähnlich der des weltberühmten sogenannten 66-Enders, der 1698, übrigens auch am Abend

des 18. September, bei Briesen vom Kurfürsten von Brandenburg, Friedrich III., erlegt wurde und noch heute im Jagdschloß Moritzburg oder als Denkmal bei Briesen zu bewundern ist. Der glückliche Erleger des Golzower Dreißigenders, Hans-Henning Eisermann, von Beruf Diplom-Landwirt, ist als BGL-Vorsitzender im VEB Schweinezucht und -mast Eberswalde tätig. Seit vielen Jahren ist er Mitglied des Jagdbeirates Eberswalde, engagiert sich als Leiter des Aktivs für Schulung und Ausbildung beim Jagdbeirat des Kreises und als Mitglied des Vorstandes seiner Jagdgesellschaft."

Die letzten 45 Jahre

Wenn man die historische Entwicklung der Schorfheide und ihres Umfeldes vorstellt, kommt man nicht an der Tatsache vorbei, die Entwicklung nach 1945 mit einzubeziehen. In der fast 900jährigen, mit authentischen Materialien belegten Geschichte, sind 45 Jahre zwar nur ein Bruchteil geschichtlicher Entwicklung, aber sie gehören dazu.

Nach dem Sturz der Reichsregierung 1945, der Einnahme der Hauptstadt durch die Rote Armee, beginnt für die Menschen eine neue Entwicklungsetappe. Umfangreiche Reparationszahlungen an die Sowjetunion müssen geleistet werden. Tag für Tag rollen Eisenbahnwaggons mit wertvollen Hölzern in Richtung Osten. Im Anbauplan für das Jahr 1945/46 werden für Joachimsthal 115 Mittel-, Klein- und Kleinstbesitzer an Grund und Boden genannt. Die größten Bauern besitzen 24 ha, es gibt sage und schreibe 51 Handwerksbetriebe; 14 arbeiten noch nicht, da die Inhaber in Gefangenschaft sind. Für die Ausbildung von Forsteleven denkt die Landesregierung Brandenburg an die Errichtung einer Forstschule in Joachimsthal.

Alles Möglichkeiten für einen hoffnungsvollen Anfang. Die Geschichte nimmt einen anderen Verlauf. Staatliche Forstwirtschaftsbetriebe, landwirtschaftliche Produktionsgenossenschaften und Produktionsgenossenschaften des Handwerks werden gegründet. Eigeninitiativen sind nicht gefragt. Brandenburg als Land wird 1952 aufgelöst. Es entstehen die Bezirke Frankfurt/Oder, Cottbus, Potsdam und Neubrandenburg. Das Forstamt Grimnitz exi-

stiert nicht mehr. Aus ihm entstehen die Sonderjagdgebiete in Neuhaus und Schorfheide. Das erste beherrscht Erich Mielke, das letztere Erich Honecker und Genossen. Die Aufgaben des Forstamtes werden aufgeteilt; in rein waldwirtschaftliche und jagdliche Aufgaben. Die letzteren werden wahrgenommen durch sogenannte Jagdleiter, die Wild bestätigen, anfangs noch

Rotwildfütterung

Fütterungs- und Kirrplätze beschicken; später gibt es dafür Futtermeister. An der F109, der heutigen Bundesstraße Berlin-Prenzlau, arbeitet ein ganzer Betrieb mit Sägewerk, um die umfangreichen Arbeiten für die Erfüllung der jagdlichen Aufgaben zu erledigen. Wildäcker werden angelegt, begehbare Kanzeln für den beinamputierten G. Mittag errichtet, Bewässerungsanlagen für die Sommermonate gebaut.

Die Jagdleiter hatten außerdem die Aufgabe, in der Jagdzeit die Selektionsabschüsse zu tätigen, um das biologische Gleichgewicht in der Schorfheide einigermaßen zu erhalten. Jagdleiter gab es in den Revieren Michen, Hubertusstock, Lindhorst, Wildfang, Hirschberg, Rarangsee, Lotzin, Rehluch, Wukker, Tremmersee, Prötzel, Eichheide, Reiersdorf und Ringenwalde. Durch Zusammenlegungen verringerte sich Ende der 80er Jahre ihre Zahl auf 10. Verwaltungstechnisch gehörte der Militärforstbetrieb Schorfheide zu Strausberg, von hier kamen Geld und Material. Für die Jagd innerhalb der Schorfheide war im vollen Umfang Hans Ullrich Weber verantwortlich. 1915 geboren, avancierte er vom Revierförster in Hubertusstock zum Generalforstmeister in der Schorfheide.

In einem persönlichen Gespräch äußerte er folgende Gedanken: „Mein Vater war schon beim Kaiser Telefonist in Hubertusstock. Er war im Jäger-Bataillon Hornist und beherrschte alle Jagdsignale. 1953 nahm ich als Förster im staatlichen Forstwirtschaftsbetrieb meine Tätigkeit auf. 1957 war ich Revierförster in Hubertusstock. Am 1.1.1962 wurde ich in das Staatjagdgebiet Schorfheide übernommen. Die Personen, die regelmäßig in der Heide jagten, waren Horst Sindermann, Günter Mittag, Menzel (ein Mitinsasse während Honeckers Gefängniszeit), Eichler und Honecker selbst. Die größte Wildkonzentration in der Heide gab es im Revier der Försterei Tremmersee. Hier, sorgfältig abgeschirmt, hatte auch G. Mittag seine Jagdbehausung. Nur selten jagte Honecker in diesem Revier. Mittag lud sich seine Gäste selbst ein, auch Schalck-Golodkowski war dabei. Honecker war mir schon aus seiner Zeit als FDJ-Vorsitzender bekannt.

Fast 20 Jahre bin ich jeden Mittwoch und Sonnabend, wenn Honecker im Lande war, mit ihm zur Jagd gegangen. Lediglich zwei Ausnahmen gibt es da. Stets war ich nur mit ihm allein. Und alle, die heute die großen Berichte über die Jagdeigenschaften eines Honeckers machen, sind entweder ahnungslos oder haben ihre Kenntnisse nur aus Vermutungen und sekundärer Hand oder sie schildern das, was im Gefolge der Jagd geschah.

Faulbeerbaum

Besenheide

Bei den Jagden hatte ich nie eine Waffe mit. Da bestand das Verbot, ausgesprochen mit den Worten: „Weber, wollen Sie mich erschießen?“ Ich habe in meinem Leben, sie können es hier im Zimmer sehen, 2 Hirsche geschossen. Einer, der hatte Draht um sein Geweih, und einen schwachen 12er für meine Frau. Für das von Jagdleitern erlegte Wild gab es einen Schützenanteil, der am Ende der Jagdzeit in Form von Prämien für alle Beteiligten ausgezahlt wurde. Das waren nicht unerhebliche Beträge für einige Förster. Alle Jagdleiter wurden auch vorzeitig zum Forstmeister ernannt.

Ohne hier viele Namen zu nennen, kann ich sagen, daß ich mit allen Staatsgästen, die auf dem Gebiet der ehemaligen DDR waren, zur Jagd gegangen bin. Besonders erinnere ich mich an Jagden mit Georg Marchaise, Herrn Beitz, Herrn Gromyko und an Leonid Breshnew.

Wildzählungen wurden in der Schorfheide nur selten und wenn, dann nur

02.11.1991 · Am Langen Cölln

oberflächlich und ungenau gemacht. Meldete ein Jagdleiter eine hohe Anzahl in seinem Revier, so wurde er auch verpflichtet, viel zu schießen. Also unterließ er es. Besonders war das so in Tremmersee. Rehwild durfte kaum geschossen werden. Unser gemeinsamer Treff war die Försterei Wildfang, von hier ging es stets los“. Wildfang ist heute Sitz des Aufbaustabes des Biosphärengebietes Schorfheide.

Ende des Gesprächs.

Stefan Zimmermann aus Strausberg beim Aufbrechen
Jagd 02. 11. 1991 am Langen Cölln

Der größte Teil der Schorfheide war trotz eines hohen Zaunes für Besucher offen. Zwar gab es keine Wanderwege und genaue Karten über das Gebiet für den einfachen Bürger. Jährlich haben Tausende, vor allem Berliner, die Heide durchstreift auf der Suche nach Pilzen und Beeren. Besonders schlimm war es Ende Februar, Anfang März, wenn die Hirsche ihre Geweihe verlieren, dann verschwanden manche Abwurfstangen in den Kofferräumen von Urlaubern. Bei Staatsjagden wurde die Heide gesperrt.

Biosphärenreservat Schorfheide-Chorin

Der Gedanke zur Schaffung eines Biosphärenreservates im Raum Schorfheide-Chorin ist nicht neu, wurde aber mit Ministerratsbeschluß vom 12.09.1990 erstmals in Gesetzesform gebracht. Als die neue Landesregierung

in Brandenburg diesen Beschluß übernahm und die UNESCO im November 1990 mit der Anerkennung ihre Unterstützung nicht versagte, waren die Weichen für eine Entwicklung gestellt, die heute für den Einzelnen noch nicht absehbar ist. Dazu gibt es eine Menge Befürworter, jedoch ebenso viele Widersacher.

Die Wirtschafts- und die Infrastruktur im Biosphärenreservat müssen besonders umweltfreundlich sein. Wie das zu erreichen ist, wird in den nächsten Jahren besonders mit den Menschen, die in betroffenen Kreisen und Gemeinden leben, zu klären sein. Der Kampf um die Erhaltung der „Arche Noah", des Gebietes um die Schorfheide hat gerade erst begonnen. Das Biosphärenreservat hat eine Gesamtfläche von 1258 km, das sind 125881 ha, mit 35000 Einwohnern in 3 Kleinstädten und 75 Gemeinden.

48 Prozent der Fläche sind Wald, 32 Prozent Acker, 6 Prozent Grünland, 7 Prozent Gewässer und der Rest ist Siedlungsfläche. 200 Seen, 335 Einzelmoore und ca. 4000 Kleinstmoore, Sölle und Feuchtflächen werden gezählt. Für die Zukunft ist geplant, das Reservat in 4 Schutzzonen einzuteilen.

Schutzzone 1 = Kernzone
Fläche 3500 ha - 2,8 % Totalreservate

Diese Zone ist Naturschutzgebiet von zentraler Bedeutung ohne wirtschaftliche Nutzung. Sie bleibt sich selbst überlassen. Der Mensch ist nur wissenschaftlicher Beobachter. Das sind u.a. der Reiersdorfer See, die 2 südlichen Köllnseen und die Pinnowseen.

Schutzzone 2 = Pufferzone
Fläche 23100 ha = 18,3 % Naturschutzgebiete

Diese Zone ist der Bereich von Naturschutzgebieten, die nicht zu den Totalreservaten gehören. Sie dient der Pufferung von Schadeinflüssen auf die Kernzone und als Experimentiergebiet. Naturschutz hat hier Vorrang vor allen anderen Belangen. Dazu gehören im Bereich der Schorfheide die Bollwinwiesen und der Große Gollinsee, die Krinertseen bei Ringwalde, Kienhorst, die Köllnseen, Eichheide, die Rangernseen und der Große Lubowsee.

Schutzzone 3 = genutzte Kulturlandschaft
Fläche 70000 ha = 55,4 % Landschaftsschutzgebiet

Das sind Wälder, Seen, Grünland und Acker. In ihr werden traditionelle Landnutzung und Landschaftspflege beispielhaft verwirklicht. Natur und Kultur verbinden sich zu einer harmonischen Ganzheit.

Schutzzone 4 = Regenerierungszone
Fläche 30000 ha = 23,5 % Landschaftsschutzgebiete

Das sind Güllelastflächen, Agrarlandschaften nach Komplexmelioration, Saatgrasland auf Mooren, Seen mit Intensivfischerei, belastete Wälder und Grundwasserabsenkungsgebiete. Diese geschädigten Landschaften sollen saniert und in weniger belastete Kulturlandschaften zurückverwandelt werden.

Wie es nach den Vorstellungen der Väter des Biosphärenreservates, speziell in der Schorfheide, weitergehen soll, darüber folgende Auszüge aus: „Grundsätze und Leitlinien der Entwicklungsplanung Biosphärenreservat Schorfheide-Chorin"

Erschienen in Groß-Schönebeck März 1991

Die jetzt darzustellenden Thesen sind eine Zusammenfassung, erheben nicht den Anspruch auf Vollständigkeit, die Reihenfolge ist keine Wertigkeit.

„– Die Bewirtschaftung des Waldes soll sich in Zukunft an den Zielen des Biosphärengebietes orientieren.
– Waldpflege und Waldschutz sollen Priorität vor der Holznutzung genießen.
– Die Wälder der Schutzzone 1 sollen aus der Bewirtschaftung herausgenommen werden.
– Der Anteil der Laubhölzer soll erhöht werden.
– Teile des Waldes sollen aus kultur–historischen Gründen und zur Erhaltung ihrer typischen Lebensgemeinschaften mit Waldweide bewirtschaftet werden.

- Die Aufbauleitung des Biosphärenreservates plant bei Michen und südwestlich des Werbellinsees Wildgatter einzurichten.
- Es ist eine einheitliche mittlere Forstbehörde zu schaffen.
- Die jagdlichen Einrichtungen sind auf das notwendige Maß zurückzuführen.
- Die fischereiwirtschaftliche Nutzung soll extensiv erfolgen. Maximal 6–7 Pächter sollten in ausgewählten Seen Fischerei betreiben. Es sind dies der Ueckersee, Seen bei Templin, der Grimnitzsee, der Werbellinsee, der Parsteiner See und der Wolletzsee.
- Die Landwirtschaft ist schrittweise ökologisch zu gestalten. Wenig ertragreiche Böden sollten für extensive Weidenutzung in Anspruch genommen werden. Besonders im Raum Joachimsthal sollten ausgewählte Schaf- und Rinderrassen gefördert werden.
- Im Tourismus haben Bahn und Bus den Vorrang.
- Die Erschließung der Schorfheide für Erholungssuchende soll vor allem durch eine ausgewogenes Netz von Wander-Rad-und Reitwegen erfolgen. Das Parkplatzangebot in der Heide ist knapp zu halten.
- Golfplätze kommen nur für Schutzzone 4 in Frage.
- Motorbootfahren ist nur auf dem Oder-Havel-Kanal, auf dem Finow-Kanal und dem Werbellinsee als Bundeswasserstraßen gestattet. Das Segeln auf dem Grimnitzsee ist im bisherigen Umfang gestattet.
- Die Dorfentwicklung sollte den Erhalt des ursprünglichen, individuellen Ortsbildes zum Inhalt haben.
- Als Modelldörfer am Rande der Schorfheide sind Groß- und Klein Ziethen vorgesehen und besonders zu fördern.
- Der Bau neuer Straßen ist seitens des Biosphärenreservates nicht vorgesehen und wird auch nicht dessen Zustimmung erhalten.
- Die alten Pflasterdämme sollen erhalten bleiben.“
- Es ist nicht gestattet, außerhalb der gekennzeichneten Stellen zu baden.

Für die Jagd sei eine Gegenüberstellung ökologischer Jagd mit kommerzieller Jagd nach den Vorstellungen des Biosphärenreservates wiedergegeben.

Ökologische Jagd oder kommerzielle Jagd?

Wild ist ein unverzichtbarer Bestandteil der Natur;
Natur ist keine Handelsware!
Ökologische Jagd bedeutet:
- dem Ökosystem angemessene Wilddichten (Bodenbrüter und Bodenvegetation dürfen nicht beeinträchtigt werden)
- üppige Vegetation - reiche Äsung
- Wildartenvielfalt
- Deckung und Ruhe für das Wild
- gesundes, starkes Wild
- naturnahes Jagd- und Wilderlebnis
- kurze Jagdzeiten, lange Schonzeiten
- Jäger als Hüter und Schützer des Wildes

Kommerzielle Jagd bedeutet:
- überhöhte Schalenwildbestände zwecks Abschußgarantie
- Massenwildhaltung, Artenarmut, Trophäenzucht
- Verarmung der Flora durch Übernutzung; Wildschaden unvermeidbar
- ständige Beunruhigung des Wildes durch hohen Jagddruck
- Pervertierung der Jagd durch Abschuß an Futterstellen
- ständige Seuchengefahr, hohe Parasitierung
- Mißbrauch des Wildes als lebende Zielscheibe; Trophäenkult
- Jagd als Geschäft mit der Natur

Deshalb:
- Ökojagd ist aktiver Naturschutz
- Keine kommerzielle Jagd in Brandenburgs Großschutzgebieten!

Das Glockenbruch

Nicht weit von Senftenhütte liegen zwei große Wiesen, sie heißen das große und das kleine Glockenbruch. Des Abends, wenn alles stille ringsumher, will man aus dem sumpfigen Grunde der Wiesen leise, fast klagende Glockentöne gehört haben. Die Leute erzählen, daß unten in der Tiefe die Glocken aus edelstem Metall ruhen, die einst der Kirche eines uralten, im Kriege zerstörten Dorfes angehört haben. Als in jener traurigen Zeit der Feind herannahte, ist alt und jung rasch herbeigeeilt, die kostbaren Glocken zu verbergen vor der Plünderung der Feinde. Tief im Grunde der Wiesen sind sie vergraben worden, und während das ganze Dorf mit dem Gotteshause in Flammen aufging, blieben die Glocken unversehrt. Aber noch warten sie auf Erlösung und klagen oft in bangen Tönen über ihre Abgeschiedenheit.

Der dreibeinige Hase

Überhaupt gab es in Alt-Grimnitz mancherlei, was jetzt nicht mehr vorkommt. Eine Frau hatte zum Beispiel einen dreibeinigen Hasen im Keller sitzen, der butterte ihr immer des Nachts. Der Nachtwächter hat es oft gesehen, wenn er zum Kellerfenster hineingeguckt. Der Hase hat sich aber nicht stören lassen, sondern nur gerufen: „et guckt, et guckt!“ Der Frau ging auch nie das Geld aus. Sie hatte aber auch immer einen dicken Fuß. Als er dünner wurde, da war es auch mit ihr zu Ende. Als sie starb, da hat ihr Knecht gesehen, wie der Geist als ein feuriger Streifen zum Schornstein hinausgeflogen und zu ihrer Tochter in das Haus gezogen ist. Das war der „Drak“ oder „Kobold“, wie man ihn auch nennt. Manchmal hat sich übrigens auch der dreibeinige Hase in der Dorfstraße gezeigt. Einst kamen Mädchen aus der Spinnstube, es war so recht heller Mondschein. Da kam der dreibeinige Hase auf sie zugehumpelt, daß sie alle Hals über Kopf ins Haus stürzten. Einer aber hat er noch die Zwickel an den Strümpfen zerrissen. Wie aber jemand mit einer Laterne gekommen, ist er wieder so weggehuppelt, wie er gekommen war.

Der gespenstische Leichenzug

Zu Joachimsthal ging einst ein junges Mädchen mit einer befremdeten älteren Frau über eine Brücke. „Komm!“, sagte die Alte plötzlich, „geh an die Seite!“ und zog ihre Gefährtin zum Geländer der Brücke. Die fragte: „Warum denn? Ist die Brücke doch breit genug!“ Aber die andere zerrte sie schweigend hinweg. Als sie die Brücke hinter sich hatten, erklärte die Frau: „Ein Leichenzug ging eben über die Brücke und da solltest du nicht mitten hindurch gehen. Die Gilde bekommt einen Toten!“ Nach drei Tagen begrub die Schützengilde einen ihrer Kameraden und der Leichenzug ging über die Brücke.

Das Wassermännlein

Eines Abends kam ein kleines graues Männlein zu einem Bauern in Alt Grimnitz und bat sehr mit demütigen Worten um eine Nachtherberge. Der Bauer, der arm war und daher keinen überflüssigen Vorrat an Betten hatte, bot seinem Gast die Ofenbank oder den Heuschober an; allein das Männlein erbat sich ein kühles Plätzchen am Wasser. „Meinethalben!“ sagte darauf lachend der Bauer, „magst du im Brunnentrog oder Weiher schlafen, wenn dir damit gedient ist“. Das Männlein ließ sich das nicht zweimal sagen, sondern grub sich sogleich zwischen die Binsen, die am Ufer standen, ein, als ob es Heu wäre, darin sich zu wärmen. Früh am anderen Morgen kroch es aus seinem Nachtlager hervor, und zum Erstaunen des Bauern waren seine Kleider ganz trocken geblieben. Das Männlein, welches den verdutzten Ausdruck auf dem Gesicht seines Gastfreundes wohl gewahrte, kam seiner Frage mit den in gleichmütigem Ton gesprochenen Worten zuvor: „Es ist wohl möglich, lieber Freund, daß du meinesgleichen noch nicht gesehen hast und auch nicht wiedersehen wirst, weil 100 und aber 100 Jahre vergehen können, bis einer von meinem Geschlecht eine Nacht auf der Erde zubringen darf!“ Hierauf gerieten sie in ein längeres Gespräch, in dessen Verlauf der rätselhafte Fremde seinen Wert offenbarte, daß er ein Wassermännlein sei, dem sein Weibchen verloren gegangen wäre. Nun wollte er es im Grimnitzsee suchen. Der Bauer führte ihn zum sagenumwobenen See. Hier verschwand das Männlein. Nach einer halben Stunde ist dann der Stab, den das Männlein in der Hand getragen, mitten im See zum Vorschein gekommen und etliche Fuß hoch in die Luft gesprungen. Das Männlein hatte seine Frau gefunden und blieb für immer im Grimnitzsee.

Die weiße Frau im Rehdanzbruch

Zwischen Joachimsthal und dem Köllnischen Teerofen am Werbellinsee befindet sich ein Bruch, welches das Rehdanzbruch heißt; dort sieht man an einer Stelle eine kleine Vertiefung, die mit Wasser gefüllt ist und etwa den Umfang eines Scheffelmaßes hat. Schon oft hat man versucht, diese mit Sand und Steinen zuzuschütten, aber es hat bis jetzt noch nicht gelingen wollen, und wird auch wohl nicht gelingen, da es damit seine eigene Bewandtnis hat. Es sitzt nämlich, wie man sagt, eine schöne Jungfer darin, die erlöst sein will, und manchem ist sie erschienen.

So war auch einmal ein Knecht draußen bei den Kühen, der legte sich nieder und schlief ein; wie er aber erwacht, sieht er eine weibliche Gestalt, die ist ganz weiß gekleidet und lange, schwarze Haare hingen ihr vom Haupte hernieder, auf sich zukommen. Es war Mondschein, darum konnte er das alles so genau unterscheiden. Als sie nun näherkam, winkte sie ihm dreimal, aber er blieb sitzen, und da kehrte sie um und ging nach jener Stelle im Bruch, wo sie sogleich verschwand. Lange nachher noch hörte er aber von dorther ihr Klagen ertönen.

Die untergegangene Stadt im Werbellinsee

Vor alter Zeit hat dort, wo sich jetzt der Werbellinsee befindet, eine Stadt namens Werbellow gestanden, die ist untergegangen, und das soll so gekommen sein.

Mitten in der Stadt lag ein Schloß, das war rings mit Wasser umgeben. Nur eine einzige Zugbrücke führte hinüber. Der Herr des Schlosses war aber ein gar böser Zauberer und ließ nur selten einen Fremden zu sich ein. Da kam eines Tages eine alte Frau, die wollte ins Schloß hinein, und wie der Herr sie erblickte, rief er ihr zu, sie solle zurückgehen. Das tat sie auch, sagte aber zu gleicher Zeit: „Ich will zurückgehen, aber du sollst untergehen!" Und das hat sie wohl wahrgemacht, denn sie wußte noch einen stärkeren Zauber als der Herr selbst.

Nun befand sich zu dieser Zeit aber ein Fremder in der Stadt, der war ein gottesfürchtiger Mann, weshalb die Frau seinen Untergang nicht auch herbeiführen wollte. Sie ging daher zu ihm und sagte, er solle eilig die Stadt verlassen, denn diese würde in binnen kurzer Zeit untergehen. Da packte er schnell seine Sachen zusammen und ging mit seinem Bedienten, den er bei sich hatte, davon. Als sie eine Strecke fort waren und auf dem Berg ankamen, der unweit der Stadt lag, bemerkte er, daß er in der Eile vergessen hatte, sein Felleisen mitzunehmen. Da schickte er seinen Diener zurück. Aber der kehrte nach kurzer Zeit wieder und sagte, die Stadt und das Schloß seien spurlos verschwunden, und an ihrer Stelle sei ein großer See entstanden.

Im Werbellinsee, sagt man auch, muß alle Jahre einer ertrinken. Und zwar geschehen vorher allerhand Wahrzeichen: Namentlich hört es sich dann oft so an, als wenn jemand laut in die Hände klatscht, und dann dauerts immer nur kurze Zeit, so ertrinkt wirklich einer im See.

Aus der verschwundenen Stadt im Werbellinsee steigt von Zeit zu Zeit noch eine Jungfrau auf, um ihre Erlösung aus der wegen ihrer Üppigkeit und Sündhaftigkeit der Einwohner der versunkenen Stadt zu erwerben. War da ein Fischer mit Namen M., der fand die Jungfrau auf einem Stein am Ufer sitzen. Sie rief und klagte, als sie ihn kommen sah: „Bist ein Sonntagskind, bist zur rechten Stunde im Mondwechsel geboren. Gehe hin nach dem Ort, den ich dir sage und bezeichne. Grabe stillschweigend dort - und du wirst ein wundersames Ding finden. Nimm's mit nach Haus', verbirg es dort. Es wird dein Glück sein. Und ich werde erlöst sein". Dem Fischer graute. Er wollte den Ort nicht wissen, wo er graben sollte - vielleicht verstand er das Wort auch nicht, das die Jungfrau ihm sagte. Er lief davon, während er ihren Klageruf noch vernahm:

„Wehe, wehe dir - und mir. Hundert Jahre muß ich nun wieder der Erlösung harren.“

Andern Tages, es war Johannistag, ritt der Fischer in den Werbellin mit zwei Pferden zur Schwemme. Die Pferde versanken - der Fischer ertrank. Die Leute sagten: Es will der See sein Opfer haben.

Ein anderes Mal ging ein Mann am Ufer des Werbellin entlang und kam bis zu jener Stelle, wo ehedem die sogenannte Feldziegelei, zur königlichen Ziegelei gehörig, gestanden - und wo die Berge sich so abschüssig steil zu dem See hinabsenkten. Er fand eine Jungfrau dort, die lud ihn ein mitzukommen. Es solle sein Glück sein. Aber, was er auch sehe und höre - es dürfe kein Wort über seine Lippen kommen. Sie stiegen nun den Berg hinan. In der Mitte des Abhangs des Berges schlug die Jungfrau an einen mächtigen Stein. Da tat sich der Stein wie eine Tür auf. Sie fanden einen Gang und gingen denselben entlang. Dabei traten sie in ein großes, großes Gemach. Dort saßen an einem mächtigen Tisch drei Greise, die schrieben gar fleißig in ihre großen Bücher. Was sie schrieben, weiß niemand. Der Mann wunderte sich gar sehr - und hätte gern gefragt; aber er bezwang sich und folgte schweigend der Jungfrau. Die aber führte ihn weiter. Sie kamen in ein weit größeres Gemach, wo mächtige Truhen voll Gold und Silber standen, wo Edelstein an Edelstein funkelte und glitzerte. Dem Manne wurden die Augen groß; aber er unterdrückte das Ach, das auf seinen Lippen lag. Doch in diesem Augenblick traten schnuppernd zwei schwarze Hunde heran; deren Augen glühten wie Kohlen, und ihr Atem schien züngelndes Feuer. Dabei erfaßte ihn die Angst und er mußte laut rufen: „Gott hilf“. Natürlich war sofort alles, alles verschwunden. Der Mann fand sich draußen am Berge liegen. Aber er war sinnesverwirrt geworden; er ging wie ein Träumer umher, der vergebens nach dem Eingang des Berges suchte. Und nach drei Tagen war er tot.

Die gebrannte Eiche

Auch in der gebrannten Eiche, so genannt, weil der Stamm dicht über der Wurzel durch Feuer so tief und hoch ausgebrannt war, daß ein Mann bequem dort stehen konnte, und die auf dem Kreuzwege stand, der links nach Eberswalde und geradeaus nach Lichterfelde führte, soll eine weiße Frau sich aufgehalten haben und dem Wanderer, der nachts durch den Wald schritt, auf den Rücken gesprungen, um sich eine Strecke tragen zu lassen. Jetzt ist die Eiche längst umgehauen, wie auch die Chaussee nach Eberswalde eine andere Richtung einschlägt, als jener alte Weg, und man weiß daher nicht, ob jene weiße Frau dort noch ihr Unwesen treibt, oder ob sie bereits zur Ruhe eingegangen ist.

Ebenso soll sich an den Wassersümpfen auf den Lehmbergen, dicht bei Joachimsthal, wie auch an einem See auf dem Wege nach Golzow zuweilen eine weiße Gestalt zeigen, ohne daß man weiß, was die Erscheinung zu besagen habe.

Gleiches ist auch mit dem schwarzen Hund der Fall, der am Kirchhof von Dorf Grimnitz oftmals erscheint, und den viele gesehen haben wollen, ohne daß einer weiß, was sein Erscheinen bedeutet und welchen Ursprungs er sei.

Anmerkung: Die letzten Worte schrieb Brunold. In einer alten Unterlage gab es jedoch Hinweise. Sie wurden anfangs wiedergegeben.

Der Tanz mit dem Grünrock

Ein Mädchen vom Werbellinsee, Tochter eines Ziegeleiarbeiters, war nach Joachimsthal in die Kirche zum Abendmahl gegangen. Auf dem Heimwege, über die düstere Heide, am Mörderberg, hörte sie eine Fiedel klingen und sie ruft in toller Lustigkeit: Heut muss ich tanzen - und sollt's mit dem Teufel sein!" Sie geht auch richtig abends zum Tanze. Dort stellt sich ein schmucker Jägersmann ein und tanzt mit ihr. Mitten im Tanze aber fährt er mit dem Mädchen zum Fenster hinaus und man hat von ihr nie wieder etwas vernommen.

Der Trauring der Verstorbenen

In Joachimsthal war einem Mann seine Frau gestorben. Ehe er sie zum Kirchhof brachte, streifte er ihr den Trauring vom Finger und bewahrte ihn bei sich zu Hause. Wie er aber am nächsten Abend in der Stube saß, sah er seine Frau durch den Garten herkommen und ins Haus schreiten. Sie sagte nichts und ging nur wie suchend umher, aber Abend für Abend kam sie wieder, denn sie hatte im Grab keine Ruhe ohne den Ring.

Endlich ging der Mann hinaus auf den Kirchhof, grub ein tüchtiges Loch in den Grabhügel und legte den Ring hinein, so tief er konnte. Da hatte die Frau Ruhe und ist nicht wieder gekommen.

Otto mit dem Pfeil

Der ebenso kriegs- als sangesfreudige Markgraf Otto mit dem Pfeil geriet einst in einem Kriege mit Magdeburg in schimpfliche Gefangenschaft. Er wurde jedoch auf sein Ehrenwort unter der Bedingung freigelassen, daß er binnen vier Wochen ein Lösegeld von 4.000 Mark Silber herbeischaffen oder als Gefangener sich wieder einstellen müsse. Der Markgraf wurde von seinem treuen Volke in Grimnitz mit Jubel empfangen. Er selber war aber nicht froh darüber. Woher sollte er für die damalige Zeit eine so bedeutende Summe nehmen? Schon war er auf das Mittel verfallen, die kostbaren Gerätschaften aller Kirchen des Landes zu veräußern, als ihm in seinem Ratgeber, Johann von Buch, ein Retter erstand. Dieser führte ihn nach Angermünde in die Sakristei der Marienkirche, neben welcher in einem festen Gewölbe ein gewaltiger, mit Eisen beschlagener Kasten stand. Er öffnete den Kasten, und der staunende Markgraf sah darin, was er brauchte - eine Menge Geld, das wie ihm sein Getreuer erklärte, des Markgrafen Vater fürsorgend für seine Söhne gesammelt und dem treuen Diener für den Fall großer Not anvertraut hatte. Gerührt nahm Otto das Geld und löste sich damit ein. Der Schatzkasten steht noch heute an derselben Stelle.

Die Fischer vom Grimnitzsee

Es waren einmal zwei Fischer am Grimnitzsee, von denen hatte der eine ein gutes und der andere ein neidisches Herz. Das schlimme Herz war so hart wie ein Mühlenstein, und jeden seiner Schläge fühlte auch das weiche Herz. Jedesmal löste sich ein Stäubchen von diesem und entfloh. Die Stäubchen flogen allesamt den gleichen Weg, und als auch das letzte entwichen war, da fiel der gute Bruder um und der neidische freute sich, weil er von Stund an die Fische alleine verkaufen konnte. Als er in seine Stube trat, blickte die Sonne durch das Fenster und ein Häuflein funkelnden Staubes hing in den Strahlen. Er öffnete das Fenster, doch der Staub ging nicht hinaus, sondern begann zu reden und sagte: „Mein Bruder, du hast unrecht an mir getan, dein hartes Herz hat das meine zerrissen. Sieh, jedes Stäubchen meines Herzens bedeutet ein Fischlein, um das du mir gegrollt hast, und so viel Neid habe ich nicht mehr ertragen. Bringe meinen Rock zur Stelle, und wenn auch nur in einem meiner Stäubchen ein böser Wille gegen dich gelebt hat, so soll der Rock zur Erde fallen. Sonst aber werde ich Kraft haben, ihn zu halten, obwohl ich nur Staub bin!“ „Das wäre mir neu“, meinte der Bruder. „Wenn du das fertig bringst, so will ich dir glauben“. Er nahm den Rock und siehe da, er blieb an den funkelnden Stäubchen hängen, denn noch niemals hatte das Bruderherz neidisch unter dem Kittel geschlagen. Da ging der Bruder, dessen Herz bis dahin hart wie ein Mühlstein gewesen war, in sich. Er fuhr noch an demselben Abend hinaus auf den See und weinte in der Einsamkeit heiße Tränen. Wohin sie fielen und wo er seinen Kahn durch die Flut gelenkt hatte, da wurde das Wasser zu flüssigem Silber und die Fische erhielten ein silbernes Kleid. Der glitzernde Streifen war viele Jahre da, bis auch der Bruder starb. Nun verschwand das Silberband, doch die Fische, insbesondere die kleinen Ukelei (heute Ükel genannt), aus deren Schuppen man am Grimnitzsee jahrelang Perlmutt gewann, haben ihr silbernes Kleid noch behalten bis auf den heutigen Tag.

Die Diebe von Schloß Grimnitzsee

Es war um die Jahrhundertwende. Holzfäller fällten auf Ricksberg, der damals noch von mächtigen Eichen und Buchen bedeckt war, eine gewaltige Eiche. Sie stand dem wachsenden Verkehr im Wege. Prasselnd fiel sie zu Boden. Sie war hohl und im Inneren des Baumes fand man zwei menschliche Gerippe. Lange suchte man nach einer Erklärung. Hier ist sie vermeldet:

Bei einem großen Gelage auf der Burg, zu der die Hohenzollern geladen hatten, waren auch Mönche aus Chorin zugegen. Als zur fortgeschrittenen Stunde keiner mehr so den richtigen Überblick hatte, entwendeten sie eine Menge Schmuck und verschwanden. Der Hausherr merkte jedoch, daß etwas nicht in Ordnung war, und sandte bewaffnete Reiter aus. Die beiden Mönche bemerkten ihre Verfolger und versuchten zu entkommen. Eilig warfen sie den Schmuck weg und versteckten sich in der oben genannten Eiche, die auch damals schon innen hohl war.

Damit entkamen sie zwar ihren Verfolgern, aber nicht der gerechten Strafe. Hornissen, die in dem alten Baum ihr Nest hatten, stachen beide tot.

Ihre Hilferufe blieben ungehört. Die Sage nimmt damit Stellung zum großen Pretiosendiebstahl auf Schloß Grimnitz, wie ihn die Chronik für das Jahr 1582 aufzeigt.

Der tote Mann

Vor mehr als hundert Jahren kam ein jüdischer Handelsmann mit einem „Buttchen" auf dem Rücken von Parlow her die Straße entlang, die jetzt am Schützenhause vorüber nach Joachimsthal führt. Bunte Seidentücher, welche die Mädchen gerne tragen, und andere schöne Sachen, die er in der Stadt und in Grimnitz verkaufen wollte, trug er bei sich. Im dichten Walde, etwa eine Viertelstunde vom Schützenhaus entfernt, begegneten ihm zwei Burschen. Sie schlugen ihn nieder und durchwühlten seine Taschen nach Geld. Doch nur drei Pfennige fielen ihnen zur Beute. Sie raubten daher seine Waren und nahmen die Seidentücher an sich, welche sie ihren Bräuten schenkten, die in Grimnitz dienten. Die putzten sich damit und stolzierten die Straße auf und ab. Dadurch kam die Sache heraus, die Burschen wurden zum Tode verurteilt und auf dem Galgenberg vor dem Schützenhaus gehängt. Doch an der Stelle, wo der arme Mann erschlagen worden war, häuften Vorübergehende Reisigzweige, besonders vom Wacholder, der dort wächst.

Jedermann kannte nun die Stelle, die man den „Totschlag" oder „den toten Mann" nannte, und warf, wenn er des Weges kam, seinen Zweig auf den Haufen. Vom Reisighaufen ist heute noch etwas zu sehen.

Es gibt aber noch eine andere Version, die erzählt, es handele sich um Schwedenkreuze, die einst an derselben Stelle standen. Dort erschlug, wie es heißt, im Dreißigjährigen Krieg ein schwedischer Offizier einen Magister aus Joachimsthal, den die schöne Tochter des Heidereiters gegen ihren Willen heiraten sollte.

Das Mädchen aber zog mit dem Offizier von dannen.

Als nach Jahren an demselben Ort ein Kampf zwischen Kaiserlichen und Schweden stattfand, sah man nach der Schlacht am Waldesrand ein junges Weib sitzen.

Das hielt das blutüberströmte Haupt eines schwedischen Offiziers im Schoße. Es war des Heidereiters Tochter, und neben dem Magister fand der Schwede sein Grab.

Als die Holzkreuze, die man auf die beiden Gräber gesetzt hatte, zerfielen, häufte man Reisigzweige darüber.

Die Sage von Bärens Kirchhof

Im Jagdschloß Grimnitz wohnte einst der Jäger und Heidereiter Bärens. Am Hofe des Kurfürsten war eine große Jagd angesagt. Die Aufgabe des Gefolgsmannes war, in drei Nächten die Einstände des Wildes herauszufinden. Da hörte er um Mitternacht aus dem Dunkel des Waldes: „Ist der

Stummelschwanz da?" - (Name eines alten Keilers) - „Ja!" - „Er soll dem Bärens das Leben nehmen!" In der zweiten und dritten Nacht geschah das Gleiche. Der Jäger berichtete dem Kurfürsten davon. Daraufhin durfte der Heidereiter an der Jagd nicht teilnehmen.

Als die Jagdhörner das Ende der Jagd verkündeten, begab sich Bärens in den Wald, trat zu dem Leiterwagen, auf dem tatsächlich der Stummelschwanz lag, und sagte: „Nun hast du mir doch nicht das Leben nehmen können!"

In diesem Moment ruckte der Wagen an, der Keiler rutschte herunter und riß mit seinen mächtigen Waffen dem Bärens den Leib auf. Dieser machte noch 14 Sätze und erlag seiner Verwundung.

Noch heute kann man im Revier Lindhorst an der Karinhaller Chaussee 14 regelmäßig angeordnete, in Schrittabständen liegende Steine sehen.

Die Sage vom kopflosen Hund

Es war im Jahre 1314. Im Heiligen Römischen Reich Deutscher Nation rüstete man zur Kaiserwahl. Waldemar, der Herrscher von Brandenburg, konnte sein Wahlrecht infolge einer Krankheit nicht wahrnehmen. Er sandte deshalb seinen Kanzler Nikolaus von Buch als Vertreter. Dieser gab seine Stimme Ludwig dem Bayern. Bei seiner Rückkehr nach Schloß Grimnitz wurde er von Waldemar streng gerügt, weil er nicht wie befohlen, Friedrich den Schönen von Österreich gewählt hatte. Der grausame Herrscher ließ ihn in den Hungerturm werfen.

Der Wächter, ein hartherziger Mann, ließ jeden Tag schmackhafte Speisen an einem Seil in den Turm hinab. Der hungernde Kanzler konnte sie jedoch nie erreichen. Seine Qualen wurden verdoppelt.

Für diese grausame Tat wurde der Wächter in einen kopflosen Hund verwandelt. In mondhellen Nächten muß er die Burg umlaufen. Alte Joachimsthaler und verliebte Paare wurden seiner schon gewahr. Die Augenzeugen berichten von einem furchtbaren Aussehen. Man sollte ihm lieber nicht begegnen.

Quellen- und Literaturverzeichnis

1. „Kirchengeschichte von Joachimsthal“ von Pfarrer Darsow
2. „Die Geschichte des Joachimsthalschen Gymnasiums“ von Wetzel, Halle 1907
3. „Fidicin“ „Territorien der Mark Brandenburg“, Band IV., Berlin 1885
4. Eberswalder Heimatblätter, 1916
5. Nerghaus: „Landbuch der Mark Brandenburg“, 1854
6. Trinius, A. „Märkische Streifzüge“, Berlin 1884
7. Scharlipp „Die Mark“, Berlin 1870
8. Liebenwalder Amtsakten
9. Oberbarnimer Kreiskalender
10. Archiv des Verfassers
11. Archiv der Stadt Joachimsthal
12. Steeger, H. „Ortsgeschichte der Parochie Groß-Schönebeck“
13. Dr. E. Hausendorff „Aus der Geschichte des Forstamtes Grimnitz“ in „Zeitschrift für Forst- und Jagdwesen“, Berlin 1940
14. Aus der Familienchronik des Rudolf Protz
15. „Festschrift 200 Jahre Friedrichswalde“ von Herrmann Freund
16. H. Böttger „Der Werbellin“, Wriezen 1899
17. Buchholz, Coninx: „Die Schorfheide“, Stuttgart 1969
18. Graffunder „Sagen der Mark Brandenburg“, Berlin 1912
19. Müther, H. „Baukunst in Brandenburg“, Dresden 1955
20. Aus der „Chronik von Eichhorst“ von Rolf Schneider
21. Suter „Zur Geschichte des Dorfes Groß-Schönebeck“, Heimatbroschüre 1991
22. Beobachtungen des Feldornithologen O. Manowsky
23. Th. Fontane „Wanderungen durch die Mark Brandenburg“
24. „Das Joachimsthalsche Gymnasium in Templin in der Uckermark“ von Vereinigung „Alter Joachimsthaler“ e.V.
25. „Die Geschichte der Stadt Joachimsthal“, Festschrift 1979

"Es ist ein Märchenplatz, auf dem wir sitzen,
denn wir sitzen am Ufer des „Werbellin"
(Th. Fontane)

Die Schorfheide –
In der Mark Brandenburg

Ein Heimat- und Lesebuch

Historische Wanderungen um den Werbellinsee, von Joachimsthal über Altenhof nach Gross-Schönebeck und Chorin

1. Auflage: 10 000 Exemplare
Idee und Gestaltung: Günter G. A. Marklein
Fotos: Günter G. A. Marklein, Hans Siewert †, Privatarchive, Archiv des Landkreises Eberswalde
Text: Rolf Schneider
Druck und buchbinderische Verarbeitung: Offizin Andersen Nexö Leipzig GmbH
ISBN 3-925354-11-5